決算書を楽しもう！

先生といっしょに読み進めるあたらしい決算書入門。

平林亮子 編著

ダイヤモンド社

結局私は「地図を見ていたら夜が明けてしまった」という殊勝な友人たちを理解できないまま、地理学科を卒業しました。

……でも、今ならわかります。いや、地図を見てバーチャル旅行ができるわけではありませんが、言わんとすることはわかるようになりました。

なぜなら私も、決算書を見ながら同じことをしているから。さしずめ、決算書を見ることでバーチャル企業見学をしている、とでもいったところでしょうか。

職業柄、たくさんの決算書に目を通していますが、その際に「うわー、この企業面白い！」とか「この企業、何となく好きだな」と妄想している自分がいるのです。

「地図を見ると景色が見えてくる」というのは、きっと私が決算書を見ながら企業のことをあれこれ妄想しているのと同じなのだろう、と理解したのです。

決算書は、それ自体は単なる数字の一覧表にすぎません。でも、それは、企業の経済活動をデータにした一覧表です。そのため、少し数字の意味がわかるだけで、企業のことが見えてきます。

そのうえ、決算書の主要データを抜粋した決算短信という書類の表紙を利用すれば、話はもっと簡単で便利！

企業の主要なデータがＡ４サイズ１枚にまとめられ、それを見るだけでわかことがたくさんあるのです。実際、企業について何か調べるときに私がまずを通すのも決算短信の表紙。そこから、さらに詳しい情報を求めて、決算書とブレークダウンしていくのです。

そうすることで、企業の色々な姿が見えてくるのです。だから決算書はやめない！

書は、そんな決算書のすごいところや面白いところをお伝えすべく、決算の表紙からスタートして、私自身が企業に対してどのような妄想をふくらているのか、その過程をできるだけ忠実に再現した一冊です。

でも知っているような企業の本物の決算書を利用し、データのみからどこいろいろなことを考えることができるか、ということにチャレンジしてみ

はじめに
～決算書ともっと自由に付き合おう～

公認会計士になって今年で15年目。

知る（＝公認会計士試験の勉強）というところからスタートし、チェック

る（＝監査)、作る（＝記帳代行)、経営に生かす（＝コンサルティング)、

説する（＝講義)、分析する（＝執筆）など、さまざまな角度から決算書

かわってきました。そう考えると決算書はまさに、私のビジネスのパ

ナー。いつも何かしらの形で決算書と付き合っています。

そして付き合いが長くなるほど

「決算書ってすごい！」

「決算書って面白い！」

という思いが強くなるのを感じています。そういうと

「決算書なんて何が面白いの？」

という声が聞こえてきそうですね。その気持ち、実はすごくよ

す。

私は、お茶の水女子大学の地理学科出身なのですが、そこには

人間」がうようよいました。“地図の読めない女”だった私は（

なぜ地理学科だったのかは触れないでくださいね！)、地図大好

たちに

「地図って何がそんなに面白いの？」

と聞いたことがあります。それに対して彼女たちからは

「地図を見ていると、それだけで現地の様子が色々想像でき

くる。地図と観光案内パンフレットがあれば、バーチャル旅

という言葉が返ってきたのです。

バーチャル旅行？　地図をどう見たらそんな事ができる

実際、彼女たちは、初めての土地でも地図を頼りに地

となく歩くことができる地図マニアでした。

ました。

決算書をもっと自由にビジネスや投資に役立てていただきたいという思いから、あえて、会計的な正確さや厳密さより、思考の流れを重視して文書にまとめています。ですから、最新の決算書を使うということにもこだわっておりません。

また、本書における私の妄想は、事実とはまったく異なっている可能性もあります。「拡大路線にあるのでは？」と妄想していても、本当は「縮小路線」であるのかも知れません。

それでも、細かい事をあまり気にせず、とにかく読み進めてみてください。決算書を利用するときの出発点はそれでいいのです。そもそも決算書をすべて理解するというのも難しいことですし、決算書から事実がすべて読み取れるはずなどもないのです。企業の日々の活動が、数枚のデータですべて表現できるはずなどないのですから。事実確認が必要なときは、その企業に電話をかけて聞いてみればいいのです。

大切なのは、決算書を利用すれば、いろいろな仮説を立てたり、推測したりできるということ。企業を知る「ヒント」や「糸口」が決算書にあるということなのです。

そして、その決算書を見るための「ヒント」や「糸口」が決算短信の表紙にあります。

Ａ４サイズ１枚から広がる世界。本書の執筆のために、あらたに100社以上の決算短信の表紙に目を通しました。

そこから生まれた私の妄想を、ぜひ、一緒にお楽しみください！

2010年８月

平林亮子

Prologue

この本では、みなさんがよく知っている企業の「決算短信」をたくさん見ていきます。

そこで、第1章に入る前に、決算短信についてカンタンに紹介しましょう。

決算短信とは、企業の業績や財務状況をまとめたレポートのことで、年1回作成され発表されます。また、その他に年に3回、3カ月ごとに四半期決算短信が発表されます。

「うちの会社はこんな状況で、業績はこうでした。今後はこういうことを計画していて、業績はこれくらいになる予定です」ということを、数十ページで説明しています。

構成は、こんな感じです。

まず、表紙。ここにはこの決算短信で最も重要なことが、ダイジェスト情報として書かれています。アナリストや会計士、投資家などの決算書のプロも、まず、表紙をチェックしてなんとなく全体像を把握してからページをめくって読み進めます。ここを見るだけでもダイジェストで情報はつかめるので、軽く

決算短信はこういう構成になっています！

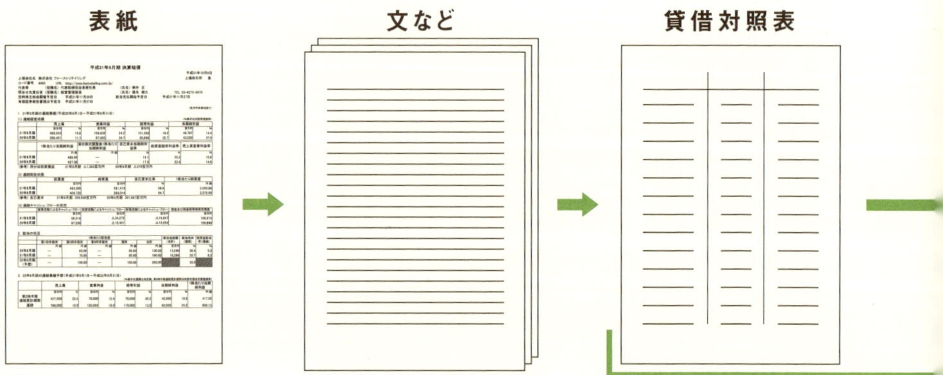

重要な項目だけを集めた
“ダイジェスト情報”だけが載っている。

文章や図、表などで業績等の
説明が入る

チェックしたいだけなら表紙だけ見て済ますということも可能です。

次に表紙をめくると、文章が出てきます。業績に関する分析や今後の見通しなどが日本語で書かれています。この部分は、ビジネス経験のある方や、学生さんでも新聞を読む習慣のある方であれば、問題なく読めると思います。初めて決算短信を読むなら、自分の会社や同業他社のものがいいかもしれませんね。業界のしくみを知っていると、なおさらスラスラ読めるでしょう。

さて、さらに読み進めていくと、そのうち文章ではなくて表っぽいページが出てきます。ちょっととっつきにくそうなページです。これは、「財務３表」（いわゆる決算書）と呼ばれるものたちで、「貸借対照表」と「損益計算書」、「キャッシュ・フロー計算書」になります。

かんたんに説明すると、貸借対照表とは、その企業が持っている資産や負債の内容を表にしたもの。また、損益計算書は、売上から利益がいくら出たかを計算したもの、キャッシュ・フロー計算書は、特に現預金の出入りに注目して書かれた計算書です（もっと詳しい説明はあとで出てきますので、それぞれご参照くださいね）。

そして、その後さらに追加の説明が文章で入って、決算短信は終わります。

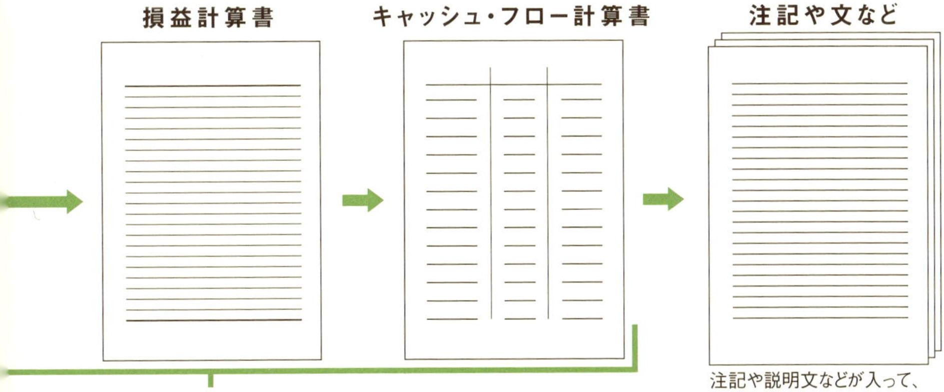

これらが「財務3表」（いわゆる決算書）

注記や説明文などが入って、
決算短信はおしまい。

一般に、「俺、決算書がニガテ」という方は、表紙と財務３表でつまずくのだと思います。というのもこれらのページは数字がいっぱいだし、独特の書式があるからです。

この本には、実際の決算短信の表紙や財務３表をたくさん掲載しました。みなさんに書式に慣れていただきたいと思ってのことです。特に、表紙の書式は重要なので、ここで図解しておきます。どこにどんな情報が書かれているのか見てみましょう。

決算短信の表紙は、重要な情報のダイジェストになっている

「経営成績」
売上高や利益がいくらだったかがわかる。

「損益計算書」の
数字がここに書かれる。

上の利益をもとに計算した
利益率が書かれている。

平成21年8月期 決算短信

平成21年10月8日
上場取引所　東

上場会社名　株式会社 ファーストリテイリング
コード番号　9983　URL　http://www.fastretailing.com/jp/
代表者　（役職名）代表取締役会長兼社長　（氏名）柳井　正
問合せ先責任者（役職名）経営管理部長　（氏名）徳永　敏久　TEL 03-6272-0070
定時株主総会開催予定日　平成21年11月26日　配当支払開始予定日　平成21年11月27日
有価証券報告書提出予定日　平成21年11月27日

（百万円未満切捨て）

1. 21年8月期の連結業績（平成20年9月1日～平成21年8月31日）

(1) 連結経営成績　（%表示は対前期増減率）

	売上高		営業利益		経常利益		当期純利益	
	百万円	%	百万円	%	百万円	%	百万円	%
21年8月期	685,043	16.8	108,639	24.2	101,308	18.2	49,797	14.4
20年8月期	586,451	11.7	87,493	34.7	85,698	32.7	43,529	37.0

	1株当たり当期純利益	潜在株式調整後1株当たり当期純利益	自己資本当期純利益率	総資産経常利益率	売上高営業利益率
	円 銭	円 銭	%	%	%
21年0月期	488.96	—	19.1	23.3	15.9
20年8月期	427.38	—	17.3	22.4	14.9

（参考）持分法投資損益　21年8月期　△1,383百万円　20年8月期　△379百万円

(2) 連結財政状態

	総資産	純資産	自己資本比率	1株当たり純資産
	百万円	百万円	%	円 銭
21年8月期	463,285	261,413	56.0	2,550.86
20年8月期	404,720	264,014	64.7	2,572.09

（参考）自己資本　21年8月期　259,639百万円　20年8月期　261,967百万円

(3) 連結キャッシュ・フローの状況

	営業活動によるキャッシュ・フロー	投資活動によるキャッシュ・フロー	財務活動によるキャッシュ・フロー	現金及び現金同等物期末残高
	百万円	百万円	百万円	百万円
21年8月期	59,214	△34,273	△16,847	169,574
20年8月期	87,336	△15,421	△19,054	169,888

2. 配当の状況

	1株当たり配当金					配当金総額（合計）	配当性向（連結）	純資産配当率（連結）
	第1四半期末	第2四半期末	第3四半期末	期末	合計			
	円 銭	円 銭	円 銭	円 銭	円 銭	百万円	%	%
20年8月期	—	65.00	—	65.00	130.00	13,240	30.4	5.3
21年8月期	—	75.00	—	85.00	160.00	16,290	32.7	6.2
22年8月期（予想）	—	100.00	—	100.00	200.00		32.9	

3. 22年8月期の連結業績予想（平成21年9月1日～平成22年8月31日）

（%表示は通期は対前期、第2四半期連結累計期間は対前年同四半期増減率）

	売上高		営業利益		経常利益		当期純利益		1株当たり当期純利益
	百万円	%	百万円	%	百万円	%	百万円	%	円 銭
第2四半期連結累計期間	437,500	22.4	78,500	12.4	76,000	20.3	42,500	19.5	417.55
通期	798,000	16.5	120,000	10.5	115,000	13.5	62,000	24.5	609.13

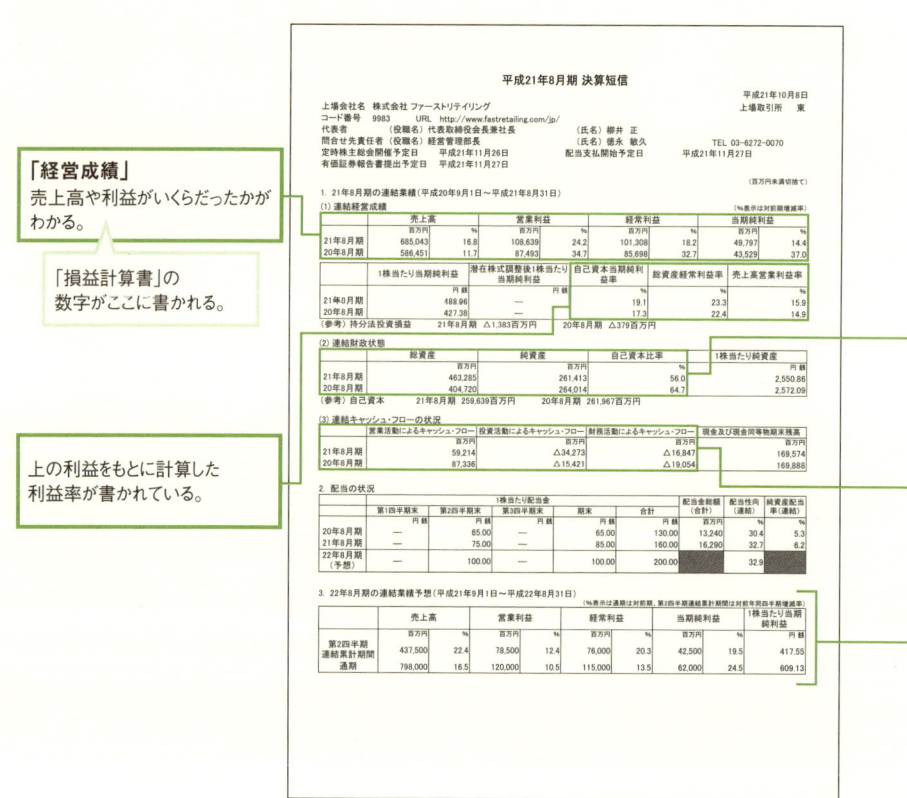

最後に、決算短信の入手方法ですが、一番わかりやすいのは各企業のホームページです。多くの企業がＩＲ情報とか投資家情報というページで開示していますが、見つけられない場合は、東京証券取引所（東証）のホームページにある「適時開示情報閲覧サービス」にありますので見てみましょう。東証のホームページでは、業種別の平均値なども見ることができるので便利です。

これで決算短信を見るための下準備はできましたね。

いよいよ、第１章のスタートです。みなさんもよく知っているあの企業の登場です！

「貸借対照表」の数字がここに書かれる。
「財政状態」
その会社が資産や負債をどのくらい抱えているかがわかる。
「キャッシュ・フローの状況」
お金がいくらあるのか(ないのか)がわかる。
「キャッシュ・フロー計算書」の数字がここに書かれる。
今後の業績予想も書いてある。

chapter

01

気になる企業の
決算短信を見てみよう！

chapter-01

ユニクロの躍進の秘密は？ ほかの会社とどこが違う？

この章のポイント

「あのお店、最近やたらと増えたなあ」「よくテレビに出ているあの社長の会社、本当に儲かってるの？」「こんど採用面接を受けるあの会社のこと調べておかなきゃ……」

企業について何か気になることがあったとき、あなたはどうしますか？　私なら、まず、その企業のホームページを見て、上場企業の場合は決算短信をダウンロードします。

決算短信とは企業の経営データをコンパクトにまとめた書類のこと。企業にもよりますが、数十ページはある書類ですし、経営データなどというと、とっつきにくいと思うかもしれません。でも、「表紙」の１枚が決算短信のダイジェストになっていて、ここを読むだけでもその企業のことがたくさん見えてくるのです。

この章では、ユニクロを展開している企業、ファーストリテイリングの決算短信の表紙を使って、どれくらいのことが読み取れるのか見てみましょう。

私は、公認会計士という職業柄たくさんの決算短信を見ますが、それとは無関係に、たぶんみなさんがブログを読んだりするような感覚で、いろいろな企業の決算短信に目を通しています。この本では恥ずかしながら、普段、私が決算短信を読んで考え（妄想ともいいます……）を膨らませる過程を、そのままの流れで再現しようと試みました。

会計士（というより会計士である私個人）って、決算短信からこういう流れでビジネスを読み取っていくのね……と、感じとって、一緒に楽しんでいただければと思います。

亮子先生の決算短信妄想術
まずは企業の利益をチェック！

業績は「利益」でわかる！

「最新の流行を採り入れながら低価格に抑えた衣料品を、短いサイクルで世界的に大量生産・販売するファッションブランドやその業態」（ウィキペディアより）を意味するファストファッション。日本のファストファッションブランドといえば、ズバリ、ユニクロでしょう。あちこちのビルがいつの間にかユニクロになっているような気がするのは私だけでしょうか。

職業柄かもしれませんが、そんなユニクロの新しい店舗を見つける度に好奇心がわいてきます。「店舗の敷金、どれくらいなのだろう？」「業績はどうなの？」「大型店舗が増えているとすれば、売上は増えているのかも」「低価格だから、利幅は小さいのかなあ」などと、金額から会計処理まで気になってしまうのです。

そこで、ユニクロを展開するファーストリテイリングの決算短信[1)]をチェック！

なお、決算短信は、自分なりの仮説を立ててから見ると効果的です。仮説を立てる観点はいろいろあるのですが、とりあえずは、「業績がいいかどうか」と「利益率が高いかどうか」を予想してみるといいでしょう。

仮説を立ててから、業績をチェックすれば、「思った通り業績がいい」とか、「予想とは裏腹に業績が悪い」などと検証することが可能です。そしてその理由を探っていけば、決算短信を活用できるというわけ。

1）決算短信
上場企業の決算短信はその企業のホームページで公開されていることが多いです。ファーストリテイリングのホームページは、http://www.fastretailing.com/jp/

ここでいう「業績がいい」とは、具体的には、売上や利益が多額であるということ。金額を見て、多いか少ないかを読み取ればいいということになります。

ただし、上場企業の売上や利益は、「兆」を超えている場合もありますし、金額を見ただけでは多いのかどうかわからない可能性があります。学校のテストのように、100点満点と決まっていれば、点数を見ただけである程度良し悪しがわかりますが、企業の売上や利益にはそもそも満点や上限がありません。企業規模によって異なりますし、業種ごとの特徴もあります。

ですから、業績の良し悪しは、とりあえず売上と利益を前年と比較して伸びているのかどうかをチェックするといいでしょう。そしてさらに、売上や企業規模に対して利益がどれだけの割合であるか、利益率によっても把握してみるのです。

私はファーストリテイリングについて、売上や利益は伸びているけれど、あれだけの低価格ですから利益率はあまり高くないのではないかという仮説を立てました。

仮説を立ててから決算短信をチェック

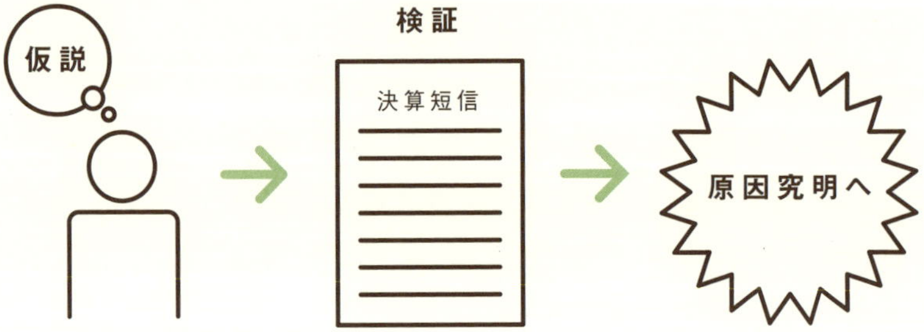

売上高利益率でビジネスの良し悪しをチェック

それでは決算短信の表紙を見てみましょう。

これがファーストリテイリングの決算短信の表紙です！

平成21年8月期 決算短信

平成21年10月8日

上場会社名　株式会社 ファーストリテイリング　　上場取引所　東
コード番号　9983　URL　http://www.fastretailing.com/jp/
代表者　（役職名）代表取締役会長兼社長　（氏名）柳井　正
問合せ先責任者　（役職名）経営管理部長　（氏名）徳永　敏久　TEL 03-6272-0070
定時株主総会開催予定日　平成21年11月26日　配当支払開始予定日　平成21年11月27日
有価証券報告書提出予定日　平成21年11月27日

（百万円未満切捨て）

1. 21年8月期の連結業績（平成20年9月1日～平成21年8月31日）

(1) 連結経営成績　（%表示は対前期増減率）

①

	売上高		営業利益		経常利益		当期純利益	
	百万円	%	百万円	%	百万円	%	百万円	%
21年8月期	685,043	16.8	108,639	24.2	101,308	18.2	49,797	14.4
20年8月期	586,451	11.7	87,493	34.7	85,698	32.7	43,529	37.0

	1株当たり当期純利益	潜在株式調整後1株当たり当期純利益	自己資本当期純利益率	総資産経常利益率	売上高営業利益率
	円 銭	円 銭	%	%	%
21年8月期	488.96	—	19.1	23.3	15.9
20年8月期	427.38	—	17.3	22.4	14.9

②

（参考）持分法投資損益　21年8月期　△1,383百万円　20年8月期　△379百万円

(2) 連結財政状態

	総資産	純資産	自己資本比率	1株当たり純資産
	百万円	百万円	%	円 銭
21年8月期	463,285	261,413	56.0	2,550.86
20年8月期	404,720	264,014	64.7	2,572.09

（参考）自己資本　21年8月期　259,639百万円　20年8月期　261,967百万円

(3) 連結キャッシュ・フローの状況

	営業活動によるキャッシュ・フロー	投資活動によるキャッシュ・フロー	財務活動によるキャッシュ・フロー	現金及び現金同等物期末残高
	百万円	百万円	百万円	百万円
21年8月期	59,214	△34,273	△16,847	169,574
20年8月期	87,336	△15,421	△19,054	169,888

2. 配当の状況

	1株当たり配当金					配当金総額（合計）	配当性向（連結）	純資産配当率（連結）
	第1四半期末	第2四半期末	第3四半期末	期末	合計			
	円 銭	円 銭	円 銭	円 銭	円 銭	百万円	%	%
20年8月期	—	65.00	—	65.00	130.00	13,240	30.4	5.3
21年8月期	—	75.00	—	85.00	160.00	16,290	32.7	6.2
22年8月期（予想）	—	100.00	—	100.00	200.00		32.9	

3. 22年8月期の連結業績予想（平成21年9月1日～平成22年8月31日）

（%表示は通期は対前期、第2四半期連結累計期間は対前年同四半期増減率）

	売上高		営業利益		経常利益		当期純利益		1株当たり当期純利益
	百万円	%	百万円	%	百万円	%	百万円	%	円 銭
第2四半期連結累計期間	437,500	22.4	78,500	12.4	76,000	20.3	42,500	19.5	417.55
通期	798,000	16.5	120,000	10.5	115,000	13.5	62,000	24.5	609.13

売上や利益や利益率など、業績に関する情報は表紙の上の方に記載されています。

ファーストリテイリングの21年8月期の売上高は約6,850億円。20年8月期の5,864億円と比較して、16.8%増加[2]しています。順調に売上を伸ばしていることが、数字にも表れているようですね。

2）
前ページの決算短信の囲み①参照。

でも、業績を売上だけで判断してはいけません。なぜなら売上は、お客様に商品を提供した総額ですから、売上を伸ばすだけなら色々な方法が考えられるのです。たとえば、隣のお店から100円の商品を購入してきて自分のお店で90円で売っても、90円という売上になります。損をしていても売上は売上。売上総額は容易に伸ばせる可能性があるというわけです。実際、シェアを伸ばすため、広告宣伝のため、損をしてでも商品を販売することは、ありえない戦略ではないのです。

しかし、それを続けていればいつかは破たんしてしまいますね。商品を販売するためには、経費がかかります。そのため企業は、経費以上の売上を確保し、売上と経費の差額である「利益」を得なければ、業績がいいとはいえないのです[3]。

3）
売上高－経費＝利益

新聞記事などで企業が紹介される際、「年商（＝売上）が飛躍的に伸びている」などと表現されることがあります。もちろん、それだけで成長企業と考えることもできるのですけれど、それは一面的なものの見方。売上は常に利益とセットでチェックすることが大切です。

この点、ファーストリテイリングに関しては、営業利益、経常利益、当期純利益とも前年より伸びていて[4]、いわゆる「増収増益」の状況にあります。数字上は文句

4）
前ページの決算短信の囲み①参照。

増収増益が理想的！

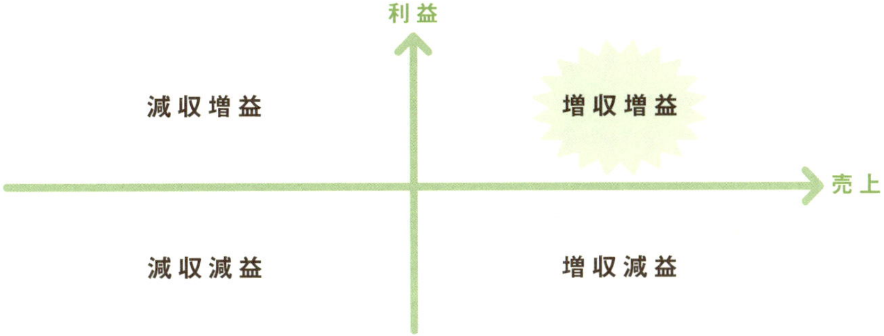

なく、業績がいい企業であるといえそうです。

それにしても、そもそもあの低価格な商品から、きっちりと利益を生み出しているなんて、本当にびっくりです。

とはいえ、実は、単に利益を出しているというだけでは不十分。少ない経費でたくさんの利益をあげられる企業こそ、「商売上手」な企業といえるからです。商売上手であるかどうかを見極めるために役立つのが、いろいろな利益率。決算短信の表紙には３つの利益率が記載されています[5]が、まずは売上高営業利益率から見てみましょう。

売上高営業利益率[6]は、営業利益を売上高で割ったもの。100円の売上があったら、企業にとっていくらの利益になるか、という割合です。営業利益は商品の原価や人件費、店舗の家賃など、商品を売るための必要経費をすべて差し引いたあとの残額ですから、売上高営業利益率が高ければ高いほど、少ない労力でたくさん売り上げることのできる商売上手な企業、ということになりま

5）3つの利益率
P17の決算短信の囲み②参照。

6）売上高営業利益率
営業利益÷売上高＝売上高営業利益率。高いほど商売上手ということ。

す。

いわば、少ないエネルギーで長く走れる省エネな自動車、ちょっとしか勉強しないのにテストでいい点数がとれる要領のいい人、と同じ。要領がいい、というと、悪い意味になることもあるかもしれませんが……。

ファーストリテイリングの売上高営業利益率は15.9％。つまりユニクロで1,000円のTシャツを購入したら、Tシャツの原価や店舗の家賃や人件費などを差し引いて、159円の利益がお店に落ちる計算になります。

なお、売上高営業利益率を見るときの目安は10％。10％を超えていたら利益率の高い商売上手な企業といえます。10％を下回っているからといって一概に利益率が低いというわけではなく、業種によるバラツキもあるのですが、目安として覚えておくとわかりやすいですよ。

もう一つの目安は、東京証券取引所に上場している企業の平均値。21年3月期の決算短信のデータを集計し

業種別の売上高営業利益率（21年3月期）

業種	集計社数	売上高営業利益率 平21.3期	業種	集計社数	売上高営業利益率 平21.3期
水産・農林業	5	1.95%	電気機器	171	0.22%
鉱業	4	46.29%	輸送用機器	79	−0.18%
建設業	111	2.66%	精密機器	29	5.52%
食料品	66	4.01%	その他製品	46	8.55%
繊維製品	37	2.16%	電気・ガス業	20	3.02%
パルプ・紙	13	2.61%	陸運業	42	8.53%
化学	129	3.29%	海運業	12	7.47%
医薬品	35	16.04%	空運業	4	−1.28%
石油・石炭製品	8	−2.28%	倉庫・運輸関連業	25	4.38%
ゴム製品	14	1.59%	情報・通信業	123	10.86%
ガラス・土石製品	31	3.49%	卸売業	141	2.05%
鉄鋼	41	7.23%	小売業	74	2.60%
非鉄金属	32	0.28%	不動産業	43	6.72%
金属製品	42	2.13%	サービス業	96	5.78%
機械	139	5.07%			

※東証上場企業のデータ（東証ホームページより）。

た資料によると、上場企業の売上高営業利益率の平均値は約３％です。ただし、景気によって変動しますから最新のデータを把握しておくことが大切です。なお、平均値は年や業種によりブレが大きいのであえて使わないという人もいますが、何の手がかりもないのではなかなか判断ができません。上場企業の平均データが存在している事を知っておくといいでしょう。

いずれにしてもファーストリテイリングの利益率の高さがわかると思います。

どんなお店に入っても、商品の利益率が気になってしまう私。ユニクロで商品を見ているときもついつい「単価は低いけれど、結構な割合の利益が店舗に落っこちるんだよね」などと考えてしまい、買物の楽しさが半減しているように思えてなりません……。

Ｔシャツ１枚の利益率は？

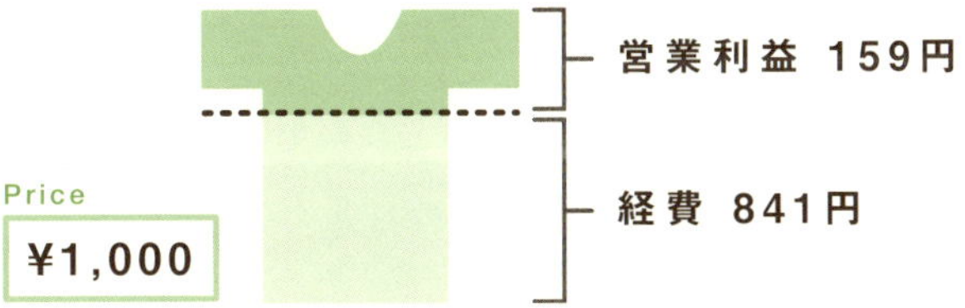

資本利益率で経営効率をチェック

ところで、商売上手であるかどうかは、利幅の大きい商品を扱っているかどうかだけでは判断しきれません。いや、商売上手ではあるのですが、経営上手であるかがわからないといったほうがいいでしょうか。商売がいくら上手で、高い売上高営業利益率を誇っていても、企業の規模に見合った利益を確保できていなければ、上手に力を発揮しているとはいえないからです。

算数のテストを小学生と中学生が解いて同じ点数だったら、小学生の方が評価されるでしょう？

100万円を運用して1万円の配当を得ることは、1億円を運用して1万円の配当を得るより運用上手だといえそうですよね？

企業も同じ。規模に見合った利益を稼ぎ出す方が運用上手、つまり経営上手の企業であるというわけです。そこで問題になるのは企業の規模をどう測るかということです。従業員数やオフィスの広さなど、いろいろな観点がありますけど、資産の額が企業規模の目安になることは間違いないでしょう。企業は社会から元手となるお金を集め経営されていますが、資産は企業が利用できる元手の総額と考えることができるからです。

そこで、企業が利用できる資産全体からどれだけ利益を得られたか、その割合を計算したのが総資産経常利益率[7]。本書ではこれをROAと呼びますが、経常利益を資産で割ったもので、ファーストリテイリングは23.3%(P17参照)。数字上の話ではありますけれど、これが高ければ高いほど、経営上手ということになります。

実は、23.3%は超優良。ざっくりと言えば、ファーストリテイリングに100万円を預けると、23万円の利息を稼ぎだしてくれるようなものですからね。ちなみに上場企業の2009年3月の平均は約2%ですから、そのすごさがわかるでしょう。

7）総資産経常利益率
経常利益÷総資産＝総資産経常利益率。資産（会社）の規模に見合った利益をあげられているかどうかがわかります。高いほど◎。ROA（Return On Asset）とも呼ばれることも。

元手に対する利回りといえば、もう一つ、自己資本当期純利益率[8]もチェック！　自己資本当期純利益率とは、株主からの出資に対して計算上どれだけの利益があったのかという割合です。

企業が経営のために使う資金は、大雑把にいえば、株主からの出資と金融機関からの借入れによって集められます。[9]そのうち、借入れに対する利息は、商品の売買で10億円の利益が出ても1億円の利益が出ても、契約上決まっている分だけ。それに対し、株主は利益や損失をまるまるかぶります。出資した以上にお金をとられることはありませんけどね。

たとえば、利息を支払う前の段階で利益が10億円あった場合、利息が1億円だとしたら株主の利益は法人税その他を無視すれば9億円になります。一方で、利息支払い前の利益が1億円だったら株主の利益はない、ということになります。

企業にお金を貸している金融機関は、契約どおり安定した利息が受け取れるのに対して、株主の利益は業績に左右されます。そのため、株主にとってどれだけの投資利回りのある企業なのかは非常に重要な問題なのです。

この、株主の出資に対してどれだけ運用できたかを自己資本当期純利益率といいます。税金などもすべて納付した後の最終的な利益である当期純利益を、株主からの出資分に相当する自己資本（≒純資産）で割って算出します。一般的にはROEと呼ばれています。

ファーストリテイリングのROEは、19.1％。[10]上場企業の平均は、21年3月期はほぼ0％。5％で及第

8）自己資本当期純利益率
当期純利益÷自己資本＝自己資本当期純利益率。会社の自己資本（借金で工面したのではない、純粋なその会社の資本のこと）と利益が見合っているかがわかります。

9）
自己資本←株を発行して得たお金と企業にプールされた過去の利益。
他人資本←いわゆる借金。
※会社の事業資金の出所は主にこの2つ！

10）
P17の決算短信の囲み②参照。ROEは、Return On Equityの略。

点、10％で日本企業としては優良、国際的には20％を目標にしている企業もあります。いずれにしてもファーストリテイリングは、相当高い水準にあることがわかります。

なお、総資産経常利益率や自己資本当期純利益率など、元手に対する利益率を総称して資本利益率といいます。企業は単に利益を出すだけではなく、高い資本利益率の確保を期待されています。

売上高と営業利益の行間を読む

ところで、どうしてこんなに業績がいいのでしょうか。残念ながら、その答えは決算短信の表紙や数値データだけではわかりません。いや、データだけではわからないどころか、正解のわかる人などほとんどいないでしょう。でも、決算短信につづられている決算書から色々なヒントを見つけることはできます。そしてそのヒントは、「行間」にあります。

決算短信の表紙の上の欄（「経営成績」の欄[11]）には、売上高、営業利益、経常利益、当期純利益が並んでいます。記載されているのは売上と利益だけですが、実は、それぞれの項目の間には「費用」が隠れているのです。

・売上高から売上原価と販売費及び一般管理費を差し引いたものが「営業利益」。
・営業利益に営業外収益を足して営業外費用を差し引い

11）
P17の決算短信の囲み①参照。

たものが「経常利益」。

・経常利益に特別利益を足して特別損失と法人税等を差し引いたものが「当期純利益」。

利益の大きさは、利益と利益の間にある費用によって決まるといっても過言ではありません。費用が大きければ利益は小さく、費用が小さければ利益が大きくなるのです。

ファーストリテイリングのように売上高営業利益率が高いのであれば、売上と営業利益の間にある、売上原価と販売費及び一般管理費が低く抑えられているということ。実際に、この決算短信の11ページ目にある損益計算書[12]で売上原価と販売費及び一般管理費の額を確認すると、売上原価の低さに驚かされます。

売上原価とは、商品の仕入原価のこと。70円で仕入れたものを100円で販売したとき、売上は100円、売上原価は70円、ということになります。ちなみに、両者の差額を「売上総利益」といったり、「粗利」といったりします。

損益計算書によるとファーストリテイリングは、売上高6,850億円に対して売上原価3,435億円[13]。ざっくりと計算すると、1,000円のTシャツは500円で仕入れた（製造した）ものだというわけ。1,000円のTシャツを販売すると、粗利500円であるともいえます。粗利率50%などと表現することもできます。

一般的な小売業の場合、粗利の水準は30%前後。

ですから、ユニクロの商品は確かに低価格で粗利も小額ではあるのですが、比率でいえば、非常に高い水準に

12)
ファーストリテイリングのホームページにある「IR情報」から「IRライブラリー」をクリック。「決算短信」を選び、09年8月期の「期末決算」のPDFをオープン。これがP17で取り上げている決算短信です。この11ページ目に損益決算書があります。

13)
次ページの損益計算書の囲み①参照。

ファーストリテイリングの損益計算書

(株)ファーストリテイリング　(9983)　平成21年８月期　決算短信

（２）連結損益計算書

（単位：百万円）

		前連結会計年度 (自　平成19年９月１日 至　平成20年８月31日)	当連結会計年度 (自　平成20年９月１日 至　平成21年８月31日)
	売上高	586,451	685,043
①	売上原価	292,769	343,515
	売上総利益	293,682	341,528
②	販売費及び一般管理費	※1　206,189	※1　232,888
	営業利益	87,493	108,639
	営業外収益		
	受取利息及び配当金	2,240	847
	違約金収入	−	258

あるのです。利益の絶対額で見れば、商品から得られる利益は薄利でも、割合で見れば決して薄利ではない。あんなに安いのに、さらにこんなに安く作っている。この企業努力がすごいですよね。

販売費及び一般管理費も確かめてみましょう。[14] 販売費及び一般管理費とは、店舗の家賃や人件費、本社で生じる費用や、広告宣伝費など、ビジネスのための必要経費を意味しています。

14)
上の損益計算書の囲み②参照。

一般的には、家賃（自社ビルの場合は減価償却費）と人件費が２大経費といわれていますが、ファーストリテイリングというとテレビＣＭも積極的に展開しているよ

ユニクロの粗利

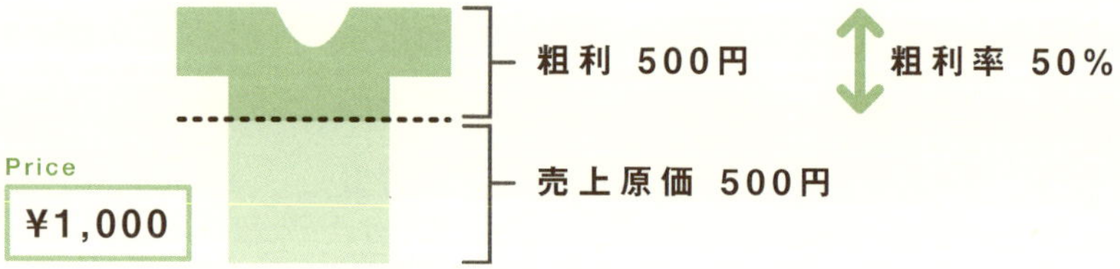

うに思いますから、おそらく広告宣伝費も多額なのだろう、と妄想が膨らみます。

実際、ファーストリテイリングの販売費及び一般管理費の内訳が記載されている注記部分を見てみると、人件費、地代家賃、広告宣伝費が３大経費であることがわかります。販売費及び一般管理費の内容に目を向けると、企業のビジネスモデルが垣間見えたりしますよ。

ユニクロの決算短信に載っていた注記

※１　販売費及び一般管理費の主な内訳は、次のとおりであります。

広告宣伝費	30,697百万円
給与手当	62,911百万円
地代家賃	55,521百万円
減価償却費及びその他償却費	9,765百万円
のれん償却額	6,450百万円
貸倒引当金繰入額	64百万円

同業他社との比較で業績が浮き彫りになる

なお、ファーストリテイリングの21年８月期の販売費及び一般管理費は、2,328億円。[15] 売上高に対して約34％ですが、実はこれ、他の小売業と比較すると少し高めだったりします。

たとえば、三越伊勢丹ホールディングスは約26％、ビックカメラは約23％。百貨店や量販店より、販売費及び一般管理費の比率が高いのです。つまり、売上に対して人件費や家賃や広告宣伝費をしっかりとかけている

15)
P26の損益計算書の囲み②参照。

ということ。こうした費用は百貨店の方が高くなりそうなイメージを持っていましたが違うのですね。びっくりしました。

ちなみに、売上と費用の構造がファーストリテイリングとよく似ているのは、家具店のニトリ。粗利率は約52%、売上高に対する販売費及び一般管理費の割合は約38%。確かに、扱っている商品は違っても、販売価格を低く抑える戦略を採っていること、海外で安い製品を作っていること、テレビCMを打っていることなど、具体的な類似点も多くみられます。これが、データにも反映され、ファーストリテイリングと同じような決算書になっているというわけです。

これまで見てきたように、各種利益率を使えば、平均値や他の企業との比較が可能になります。そして、比較をすることにより、高いのか低いのかが判断できたり、一般的なイメージと実態との違いに気づくことができたり、本当の勝因がどこにあるのかを分析することができたりします。

利益率を比べてみよう

	売上高営業利益率	総資産経常利益率（ROA）	自己資本当期純利益率（ROE）
ファーストリテイリング	15.9%	23.3%	19.1%
三越伊勢丹HD	1.4%	2.6%	1.0%
ビックカメラ	1.5%	4.0%	9.1%
ニトリ	13.6%	18.1%	17.2%
東証上場企業平均	3.11%	2.36%	0.10%

※各企業の21年度の決算短信より。

ファーストリテイリングは、徹底した原価の削減をすることで、高い粗利率を確保。一方で、販売費及び一般管理費は、百貨店よりも高い割合でかけている。こういったメリハリが、ビジネスを成功に導いていると考えられるというわけです。決算書から想像した範囲の話ですけれどね。

決算短信速習コーナー①
売上と利益をきちんと理解しよう！

企業の成長力は、売上高／営業利益／経常利益／当期純利益でわかる！

この速習コーナーでは、主に決算短信の表紙について解説していきます。

企業の成長のカギは、売上や利益の増加です。どれだけの売上があって、どれだけ利益を出したのか。それらは、決算短信の表紙の①の部分（右ページ参照）で確かめられます。

左から見ていきましょう。

①のいちばん左にあるのが「売上高」です。新聞やニュースで、「売上高２億円！」などと華々しく取り上げられるのがコレですね。売上高は、「販売価格×販売数量」という計算式で考えることもできる売上全体の金額。利益をはじき出す際の大もとの金額となります。

売上高の右側には利益が書かれています。ひと口に利益と言っても、いくつかの種類があって、決算短信の表紙には「営業利益」、「経常利益」、「当期純利益」の３つが記載されています。

売上高が２億円でも、実際には、物を仕入れるためにかかった費用、従業員に支払った給料など、さまざまな経費がかかります。支払った税金も、売上から差し引いていかなければなりません。

その際、諸経費を一括して売上から差し引くのではなく、何段階かに分けて決められた順番に差し引いていきます。そうすることによって、より具体的に企業の状況を把握できるのです。その段階ごとに、異なる種類の利益を計算しているというわけです。

「営業利益」は、売上高から売上原価（仕入代金）を差し引き、さらに人件費

平成21年8月期 決算短信

平成21年10月8日

上場会社名　株式会社 ファーストリテイリング　　上場取引所　東
コード番号　9983　URL　http://www.fastretailing.com/jp/
代表者　（役職名）代表取締役会長兼社長　（氏名）柳井　正
問合せ先責任者　（役職名）経営管理部長　（氏名）徳永　敏久　TEL 03-6272-0070
定時株主総会開催予定日　平成21年11月26日　配当支払開始予定日　平成21年11月27日
有価証券報告書提出予定日　平成21年11月27日

（百万円未満切捨て）

1. 21年8月期の連結業績（平成20年9月1日～平成21年8月31日）

(1) 連結経営成績　　（%表示は対前期増減率）

2年分が書かれている

①

	売上高		営業利益		経常利益		当期純利益	
	百万円	%	百万円	%	百万円	%	百万円	%
21年8月期	685,043	16.8	108,639	24.2	101,308	18.2	49,797	14.4
20年8月期	586,451	11.7	87,493	34.7	85,698	32.7	43,529	37.0

②

	1株当たり当期純利益	潜在株式調整後1株当たり当期純利益	自己資本当期純利益率	総資産経常利益率	売上高営業利益率
	円 銭	円 銭	%	%	%
21年8月期	488.96	—	19.1	23.3	15.9
20年8月期	427.38	—	17.3	22.4	14.9

（参考）持分法投資損益　21年8月期　△1,383百万円　20年8月期　△379百万円

(2) 連結財政状態

	総資産	純資産	自己資本比率	1株当たり純資産
	百万円	百万円	%	円 銭
21年8月期	463,285	261,413	56.0	2,550.86
20年8月期	404,720	264,014	64.7	2,572.09

（参考）自己資本　21年8月期　259,639百万円　20年8月期　261,967百万円

(3) 連結キャッシュ・フローの状況

	営業活動によるキャッシュ・フロー	投資活動によるキャッシュ・フロー	財務活動によるキャッシュ・フロー	現金及び現金同等物期末残高
	百万円	百万円	百万円	百万円
21年8月期	59,214	△34,273	△16,847	169,574
20年8月期	87,336	△15,421	△19,054	169,888

2. 配当の状況

	1株当たり配当金					配当金総額（合計）	配当性向（連結）	純資産配当率（連結）
	第1四半期末	第2四半期末	第3四半期末	期末	合計			
	円 銭	円 銭	円 銭	円 銭	円 銭	百万円	%	%
20年8月期	—	65.00	—	65.00	130.00	13,240	30.4	5.3
21年8月期	—	75.00	—	85.00	160.00	16,290	32.7	6.2
22年8月期（予想）	—	100.00	—	100.00	200.00		32.9	

3. 22年8月期の連結業績予想（平成21年9月1日～平成22年8月31日）

（%表示は通期は対前期、第2四半期連結累計期間は対前年同四半期増減率）

	売上高		営業利益		経常利益		当期純利益		1株当たり当期純利益
	百万円	%	百万円	%	百万円	%	百万円	%	円 銭
第2四半期連結累計期間	437,500	22.4	78,500	12.4	76,000	20.3	42,500	19.5	417.55
通期	798,000	16.5	120,000	10.5	115,000	13.5	62,000	24.5	609.13

や家賃などビジネスにおける日常的な経費を差し引いたものです。純粋にビジネスを行って得たお金、いわゆる「本業の儲け」になります。

この本業の領域である営業利益に対して、本業以外の領域も加味したものが「経常利益」です。営業利益に、利息の収入や支払い、為替による儲けや損失など、本業以外の儲けや費用を足し引きしたものが「経常利益」になります。

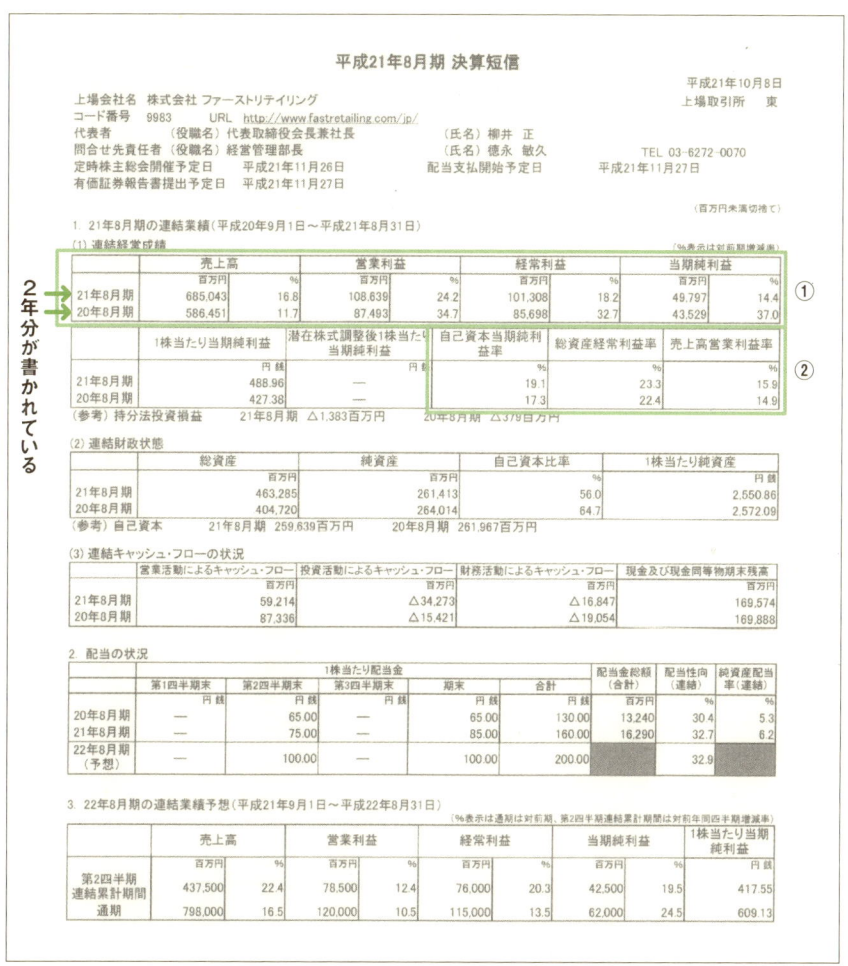

つまり、営業利益は本業ビジネスによる利益であるのに対し、経常利益はお金の貸し借りなども含めた「日常的な儲け」と考えるとわかりやすいでしょう。

3つ目の「当期純利益」は、経常利益に固定資産の売買による損益や、リストラ費用や災害による損失、損害賠償の支払いなど、“特別な事情”によるものを足し引きして、法人税等を差し引いた「最終的な儲け」となります。

決算短信の表紙には、売上高、営業利益、経常利益、当期純利益について2年分記載されていますから、企業がどれだけの売上や利益をあげているのかに加え、どれくらい伸びているのかという成長力も見えてきます。

利益の種類を覚えよう!

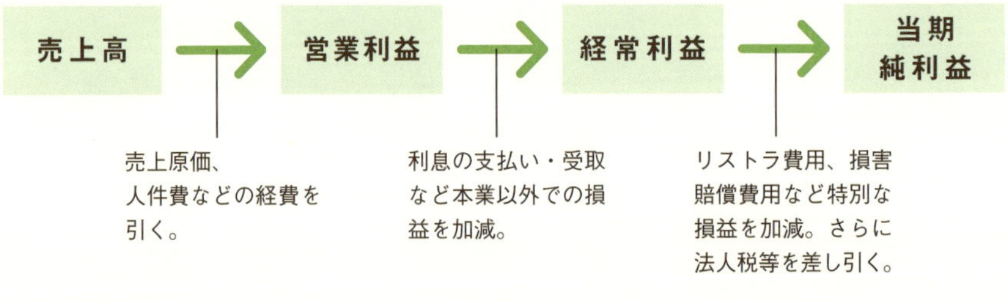

利益率からは「収益力」が見えてくる

決算短信の表紙の②の部分（前ページ参照）からは、本業ビジネスと経営の効率性を確認できます。本書ではこれを収益力と呼ぶことにします。人間の筋肉にたとえれば、成長力（①の部分）では筋肉の量が一定の期間にどれだけ伸びたのかがわかり、収益力ではその筋肉の強さがわかるといったイメージです。

収益力は、売上や自己資本や資産に対して、どれだけ利益をあげているかでチェックします。これを数値で示したものが利益率。決算短信の表紙には、収益力の目安となる３つの利益率が出ていますので確認していきましょう。

それでは②も左側から順番に見ていきます。最初は「自己資本当期純利益率（ＲＯＥ）」です。

この指標は、自己資本を使ってどれだけ利益を出したかを表しています。自己資本というのは株主から集めた資金と企業の内部にプールされた過去の利益の合計額のことで、純資産と言い換えても差し支えないでしょう。株主は自分の大切なお金を投資するわけですから、そのお金でしっかり稼いでほしいのは当然です。ＲＯＥが高ければ、効率よく利益をあげていると判断できます。

ただし、ＲＯＥ＝「当期純利益÷自己資本」。自己資本が少ない、つまり借金が多いほどＲＯＥが高くなります。ここがＲＯＥの落とし穴ともいえるところ。「ROE は高いほうがいい！」とはいえ、無条件に「高ければ高いほどいい」というわけではありません。

混乱しないように、整理してみましょう。

たとえ借金が多くても、借金の利息を差し引いて残った利益は、株主に還元する利益として考えることができます。借りたお金をもとに効率よく利益を出せていればいいわけです。つまり、ＲＯＥを高くするためには、上手に借金できるかどうかがカギ。借金が多いことは決して悪いことではありません。

ただし、経営に失敗すれば、利息の支払いが負担になるため赤字に陥ったり、元本の返済に追われることになったりするため、多額の借金はリスクが大きいのも確かです。ＲＯＥが高いといっても、自己資本比率が 20%以下の企業には注意が必要です。(P82 自己資本比率参照)

ＲＯＥの目標値は、業種に関係なく 10%程度に設定されることが多いようです。実際、これより高ければ優秀ですが、高すぎる場合は疑ってみることも大切です。高くなるにはそれなりの理由があるのでその理由を確かめるようにしましょう。

持っている資産を有効活用しているか？

次は、「総資産経常利益率」です。この指標からは、銀行などから借りたお金であるか株主から集めたお金であるかとは関係なしに、企業の資産全体に対してどれだけ利益をあげられているのかを意味しています。資産全体に対する利益の割合を総称してＲＯＡといいますが、本書では総資産経常利益率をＲＯＡと呼びますね。

ＲＯＡ＝「経常利益÷総資産」。ＲＯＥと同じように、ＲＯＡも高いほうが経営上手といえます。資産があるにもかかわらずＲＯＡが低ければ、いくら利益が伸びていてもムダな資産が多いのかもしれませんし、借金の利息が膨らんでいるケースも考えられます。

また、企業がモノを所有している場合（たとえば自社ビルを持って経営している場合）と賃借している場合では、実態は同じように経営しているように見えても、数字の上では明らかな違いが表れる可能性があります。たとえば、所有していた自社ビルを売却して賃借にした場合、資産額がガクンと減り、ＲＯＡが突然高い水準になるのです。

そういった可能性はありますが、資産に対する利益率を見ることは大切です。たとえば、大きな工場と小さな工場では生産量に差が出てきますし、大きい店舗と小さい店舗では取扱商品や利用客の数によって、売上高も利益も大きく違ってきますからね。つまり、金額だけで業績の良し悪しを判断するのは無理があるというわけです。店舗サイズや設備に見合った利益を出しているかを知ることが肝心なのです。

億万長者が1,000万円を稼ぐのと、財産ゼロの人が1,000万円を稼ぐのとでは、圧倒的にゼロから稼ぐほうが大変です。企業も同じで、財産がたくさんある企業は、売上や利益も大きくなると考えるのが自然です。

ＲＯＡは企業の規模に対する利益の割合を見る指標ですから、異なる業種であっても比較できる可能性があります。

たとえば、宝石やブランド品などは高い値段で売られていますので、一見、利益も多く利益率も高くなりそうです。でも、100円ショップで扱う雑貨のように、数がたくさん売れるわけではありません。宝石店と100円ショップはまったく違ったビジネスモデルですが、単価と数量の両面を考慮すれば、結果的にＲＯＡは同じ水準に落ち着く可能性もあるのです。

ただ、ＲＯＡもＲＯＥと同様に、高ければいいと安易に考えてはいけません。

たとえば、資産を必要としないビジネスについて考えてみましょう。

コンサルティング事業やシステム開発などを行う企業は、設備投資や商品仕入れの必要性が低くなります。“働く人が財産”として成り立っているビジネスです。会計の世界では働く人の存在は「資産」としてカウントされませんから一般的にこのような企業は資産が少なく、ＲＯＡが平均より高くなります。

一方で、資産を持っている企業の場合は、もし事業が上手くいかなくなったら、資産を売却してお金に換えることもできますが、資産を持たない企業では、売るものがありません。人を売却するわけにはいきませんしね。優秀な社員は給料も高いので、経営が苦しくなれば人件費が重くのしかかってきます。

ＲＯＡが高いのはいいことですが、高い水準を維持できる経営をしているかどうかを疑ってみる必要があるのです。

一般的な目標値はＲＯＥ同様、10%前後。これを目安に判断するといいでしょう。

経費をかけずに売上を伸ばしているか？

最後の「売上高営業利益率」では、売上に対してどれだけリターンがあるのかを確かめることができます。

売上高営業利益率＝「営業利益÷売上高」。この売上高営業利益率は、利益と経費の関係を把握するための大切なポイントになります。

たとえば、宝石、化粧品、バッグなどのブランド品は付加価値が高く、値段も高価に設定できるので、売上高営業利益率が高くなります。この他、販売にかかる経費や人件費のかからないビジネスも同様です。

一方、量販店やスーパーなどは、仕入れや店舗の家賃、人件費などの経費が多く、売上高営業利益率は低くなる傾向にあります。その分、たくさん売らなくてはならないので、回転率は高くなるのが一般的です。

売上高営業利益率が高いほど商売上手といえますが、先ほどの付加価値の高いブランド品やリーズナブルな量販品のように、業種の特性がはっきり表れるので、同じ業種で比較することが大切です。東京証券取引所のホームページには、業種別平均値が掲載されているので参考にしましょう。

売上高営業利益率が高いということは、経費が低くおさえられているということで、企業が工夫を凝らしている証拠です。

しかし、経費の低さだけでなく、利益と経費のバランスを見るのも大切です。売上高営業利益率が高すぎると、取引先に無理を押しつけて安く仕入れていたり、従業員のお給料をケチっていたりする可能性もないわけではありません。無理な経費削減によって利益を出していないか、という視点も必要ですね。

Coffee break♪

亮子先生の
会計エッセイ

いつも「売上の正体」が気になっています

　以前、引っ越しのために、引っ越し屋さんに手伝いに来てもらったときのことです。食器の梱包も含めた荷造り、運び出し、運び込み、そして、梱包をといて大雑把に収納するところまですべてお願いしました。

　荷物も少なく、小型のトラック１台スタッフ２名体制で、半日で済んだのですが、やはり大仕事。引っ越しスタッフの方々は本当によくやってくださいました。

　ところが、です。それにも拘わらず、引っ越し屋さんからの請求は非常に低料金ではありませんか！　私はその時の驚きを鮮明に覚えています……と言いながら、いくらだったのかは忘れてしまったのですが。そして、こう思ったのです。

「私がこの引っ越し会社の社長だったら、とてもこの値段ではできない。この値段では、作業をしてくれた人に給料を払えない！」と。

「もしかして、とても低い給料で働いているのかな。お茶も出さずに、悪かったな」

　と不安になるほどでした。

　安くてよかったと手放しに喜べないのは、もしかすると会計士の性かもしれません。企業を経営するには、人件費、家賃、その他もろもろ、いやというほどお金がかかります。それを上回る売上がなければ、いつか倒産してしまうのです。

引っ越し屋さんであれば、１回の引っ越しで、少なくとも、ガソリン代、スタッフの日当、段ボール代などがかかりますよね。そしてガソリン代であれば「引っ越し会社→引っ越し元→引っ越し先→引っ越し会社」という距離がわかれば、ある程度はわかります。日当は時給１，０００円くらいを目安に計算してみると最低限の金額が見えてきます。その他、自分の目についたものを換算していけば、ざっくりとコストを計算できます。

さらに、引っ越し現場からは見えにくいコストもあります。本社では、引っ越し部隊をサポートしている人がいるはずだし、トラック本体の価格（が減価償却費となります）だって関係してきます。それらをすべて上回っていなければ、企業は赤字になり、それが積み重なれば倒産してしまうというわけです。

確かに、儲からない企業は倒産すればいい、と言ってしまうのは簡単ですし、それが正論なのかもしれません。

でも、そうなったら困るのは、もしかすると私たち消費者かもしれませんよね。その企業のサービスを受けられなくなるとか、そこで働いていた人たちはどうなるのかとか、企業の倒産というのは、少なからず社会に影響を及ぼしますから。

また、企業が消費者へのサービスを安く提供しようとするあまり、従業員の給料を圧迫したり、下請企業をたたいたりしている可能性だってあります。

サービスに対して料金が低すぎるのではないか、企業が無理をしているだけではないか――。

「安いなあ」と感じる度に、そんな不安が頭をよぎるのです。

そうなると、何となく気になってしまう。そしてその不安は徐々に「なんでそんなに安くサービスを提供できるのだろう？」という好奇心に変わってくるのです。

こんな時、強い味方になるのが、決算書。気になった企業が上場企業であれば、誰でも簡単に見ることができます。低価格で販売していても企業に利益が出ていると安心して購入できますし、いろいろな企業努力を知ることができたり、大切な情報を入手できたりします。実際、ユニクロの洋服を購入した時もすかさずファーストリテイリングの決算書（決算短信）を見ましたよ！

話をもとに戻しますと、その引っ越し屋さんは上場してはいませんでしたので、決算書は見ることができませんでした。そこで、引っ越し屋さんからもらったパンフレットやウェブサイトなどをチェックしたのです。

すると、そこには、引っ越しに関連して、家具屋さんの広告であったり保険屋さんの広告であったり、いろいろな業者の広告が出ているではありませんか！　そこでピンと来たのです。こういう広告枠の販売をすることで、引っ越し代金自体を安くできるのではないか、と。

企業に問い合わせてみたわけではありませんから真相はわかりません。もしかすると、全然関係ないところに、低価格の秘密があるのかも知れません。

ただ、意外とあるのです。「他人から見える本業が本業とは限らない」ということが。

飲食店などでも、お客様への飲食提供だけではなく、飲食店内での広告宣伝スポンサーをつけて運転資金をまかなっているようなこともあります。飲食提供よりも料理教室で儲けているようなこともあります。

儲けの種が本当はどこにあるのか。ありとあらゆる場面で「売上の正体」がいつも気になってしまう私です。

chapter

02

副業が本業を救う！？

アサツーディ・ケイにみる利益のねじれ現象

chapter-02

変わったパターンを発見！面白いことがわかるかも

この章のポイント

第１章でお話したように、会社の利益は、売上高→営業利益→経常利益→当期純利益の順に計算されます。売上高から売上原価と販売費及び一般管理費を引いたのが営業利益、営業利益に営業外損益（金融取引に関する損益や副業に関する損益など）を足し引きしたのが経常利益、経常利益に特別損益（リストラ費用など一時的な損益）を足し引きし法人税等を差し引いたのが当期純利益でした。

この点について、ちょっと変わった決算短信を見つけたので、取り上げてみたいと思います。何が「変わっている」のか、一緒に考えてみてくださいね！

亮子先生の決算短信妄想術

表紙から深く掘り下げてみよう！

「利益のねじれ」ってなに？

いろいろな企業の決算短信を見ていると、ふと目にとまる企業があります。業績がすごくいいとか悪いとか、営業活動によるキャッシュ・フローがマイナスであるとか、さまざまな観点があるのですが、最近目にとまった企業は、アサツー ディ・ケイ。

アサツー ディ・ケイ[16]は、私の大好きなテレビアニメ作品の制作にもかかわっている、テレビなどのメディアに強い広告代理店です。そんなアサツー ディ・ケイの決算短信がどうして気になったのかといえば、「利益のねじれ現象」が起きていたからです。

利益のねじれ現象というのは、私が勝手に名付けたものなのですが、各種利益の関係が不自然である状態をそう呼んでいます。具体的には、

売上高＞営業利益＞経常利益＞当期純利益

となるのが一つのパターンであるはずのところ、そうではない関係が生じていることを意味しています。

もちろん、上記のような利益の関係は絶対ではないのですが、このパターンから外れた利益のねじれが生じている企業からは、面白い特徴が読み取れることが多々あります。

次ページに掲載したアサツー ディ・ケイの21年12月の決算短信の表紙（①の部分）を見ると、「営業損失756百万円」であるのに対して「経常利益1,094百万円」[17]。営業損失なのに経常利益であるというねじれが生じていたので目にとまりました。営業損失、つまり本業では儲かっていないはずなのに、経常利益が出ているのですから。

こうなると、わき起こってくる好奇心と妄想を止めることができません（笑）。

経常利益は「営業利益（営業損失）＋営業外収益－営業外費用」で計算されるものですから、営業損失なのに経常利益になる理由は、「営業外収益」にあると予測で

16）アサツー ディ・ケイ
http://www.adk.jp/index_ja.html

17）
次ページの決算短信によると、営業利益は△756百万円（△はマイナスの意味）、経常利益は1,094百万円。本業では儲かってないけど、本業以外の部分でかなり儲けが出ているということがわかります。

アサツー ディ・ケイの決算短信の表紙

(財)財務会計基準機構会員

平成21年12月期 決算短信

平成22年2月12日

上場会社名　株式会社 アサツー　ディ・ケイ　　上場取引所　東
コード番号　9747　URL　http://www.adk.jp/ir/index.html
代表者　（役職名）取締役社長　（氏名）長沼　孝一郎
問合せ先責任者（役職名）経理局長　（氏名）阿部　清彦　TEL 03-3547-2654
定時株主総会開催予定日　平成22年3月30日　配当支払開始予定日　平成22年3月12日
有価証券報告書提出予定日　平成22年3月31日

（百万円未満切捨て）

1. 21年12月期の連結業績（平成21年1月1日～平成21年12月31日）

(1) 連結経営成績　（%表示は対前期増減率）

①

	売上高		営業利益		経常利益		当期純利益	
	百万円	%	百万円	%	百万円	%	百万円	%
21年12月期	350,211	△12.3	△756	—	1,094	△79.5	73	△96.5
20年12月期	399,452	△8.2	3,699	△48.1	5,335	△40.5	2,125	△60.3

	1株当たり当期純利益	潜在株式調整後1株当たり当期純利益	自己資本当期純利益率	総資産経常利益率	売上高営業利益率
	円 銭	円 銭	%	%	%
21年12月期	1.73	1.72	0.1	0.6	△0.2
20年12月期	48.14	48.12	1.8	2.4	0.9

（参考）持分法投資損益　21年12月期　126百万円　20年12月期　648百万円

(2) 連結財政状態

	総資産	純資産	自己資本比率	1株当たり純資産
	百万円	百万円	%	円 銭
21年12月期	190,024	107,465	56.0	2,499.05
20年12月期	191,782	101,617	52.4	2,334.48

（参考）自己資本　21年12月期　106,423百万円　20年12月期　100,588百万円

(3) 連結キャッシュ・フローの状況

	営業活動によるキャッシュ・フロー	投資活動によるキャッシュ・フロー	財務活動によるキャッシュ・フロー	現金及び現金同等物期末残高
	百万円	百万円	百万円	百万円
21年12月期	6,404	1,570	△2,141	18,844
20年12月期	△3,181	7,085	△7,853	12,807

2. 配当の状況

	1株当たり配当金					配当金総額（合計）	配当性向（連結）	純資産配当率（連結）
	第1四半期末	第2四半期末	第3四半期末	期末	合計			
	円 銭	円 銭	円 銭	円 銭	円 銭	百万円	%	%
20年12月期	—	10.00	—	10.00	20.00	871	41.5	0.7
21年12月期	—	10.00	—	10.00	20.00	851	1,157.4	0.8
22年12月期（予想）	—	10.00	—	10.00	20.00		851.7	

3. 22年12月期の連結業績予想（平成22年1月1日～平成22年12月31日）

（%表示は通期は対前期、第2四半期連結累計期間は対前年同四半期増減率）

	売上高		営業利益		経常利益		当期純利益		1株当たり当期純利益
	百万円	%	百万円	%	百万円	%	百万円	%	円 銭
第2四半期連結累計期間	170,000	△4.2	0	—	1,200	2.6	△800	—	△18.79
通期	356,000	1.7	1,300	—	3,000	174.1	100	35.5	2.35

きます。なお、営業外収益とは、「本業以外の儲け」や「株式投資といった金融取引による儲け」を意味しています。そのため「もしかして、凄腕の株式トレーダーを雇って株取引で儲けているのではないか？」とか、「自社ビルの空いている部屋を貸し出して家賃を得ているの

ではないか？」といった疑問がわいてくるのです。

営業外収益の中身をチェック

そこで損益計算書[18]の「営業外収益」（②）をチェック！

するとどうでしょう。営業外収益の中で、ひときわ大

18）損益計算書
売上高から原価や経費を引いていって、最終的に当期純利益を求める書類で決算書の１つ。

アサツー ディ・ケイの損益計算書（抜粋）

㈱アサツー ディ・ケイ（9747）平成21年12月期決算短信

２．連結損益計算書

（単位：百万円）

②

	前連結会計年度 （自 平成20年１月１日 至 平成20年12月31日）	当連結会計年度 （自 平成21年１月１日 至 平成21年12月31日）
売上高	399, 452	350, 211
売上原価	350, 308	※1 308, 843
売上総利益	49, 143	41, 367
販売費及び一般管理費		
給料及び手当	24, 785	22, 113
賞与引当金繰入額	302	125
退職給付費用	1, 916	2, 082
役員退職慰労引当金繰入額	87	83
福利厚生費	3, 102	678
賃借料	4, 024	3, 380
貸倒引当金繰入額	222	785
減価償却費	331	290
その他	10, 671	12, 582
販売費及び一般管理費合計	※1 45, 444	※2 42, 124
営業利益又は営業損失（△）	3, 699	△756
営業外収益		
受取利息	495	282
受取配当金	1, 263	1, 080
持分法による投資利益	648	126
生命保険配当金	65	78
不動産賃貸料	92	86
その他	416	426
営業外収益合計	2, 981	2, 082
営業外費用		
支払利息	26	25
不動産賃貸費用	61	49
投資事業組合運用損	49	66
複合金融商品評価損	—	51
為替差損	1, 111	—
その他	97	38
営業外費用合計	1, 345	231
経常利益	5, 335	1, 094

きくて、目を引く数字がありませんか？

そうです。「受取配当金」です。

損益計算書だからといって「難しそうだ」と恐れることはありません。日本語として普通に読めば大丈夫。「配当[19]として受け取った額」という意味です。

企業であっても、どこかの会社の株主になることができます。市場で株を売買することもできますし、配当を受け取ることもできます。

本業の儲けを意味する営業利益が「△756百万円」であるのに対し、受取配当金が「1,080百万円」もあるから驚きです。[20]

これはいわば、給料では維持できない規模の生活をしているサラリーマンが、足りない分を株の配当金でまかなっている、という状態。安定した株の配当があるのはうらやましい限りですが、株の配当がなくなったら生活

19）配当
配当とは、株主に支払う、利益の分け前のこと。詳しくはP190。

20）
営業利益がマイナスだったのに、経常利益がプラスになっているということは、営業外収益があったということ。そこで、損益計算書の営業外収益のところを見ていくと、「受取配当金」という項目の金額が多いことがわかります。

配当とは株主に対する“利益の分け前”のこと

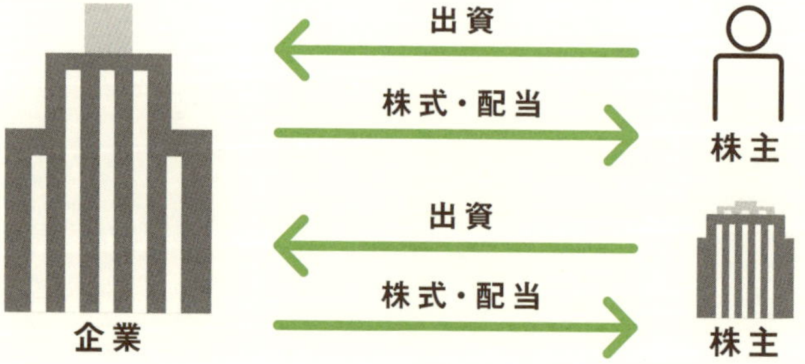

が成り立たなくなるというのは危険ですよね。

企業であれば、なおさらです。本業で儲けることが企業の使命であり前提ですから、本業で儲かっていない現

状は望ましいとはいえないでしょう。

　そうそう、ついでといってはなんですが、アサツー　ディ・ケイの営業外収益を見ると、他にも「本業以外の儲け」があることがわかります。

　まずは、「受取利息」。これは、預金に対する利息です。

　次に、「持分法による投資利益」。これは、関連会社の株の含み益のようなもので、持っている株の値上がり益だと考えるといいでしょう。

　そして、「生命保険配当金」と「不動産賃貸料」[21]。

21）
これらの項目はP45の損益計算書に載っています。

　つまり、これまでの貯蓄に対する利息や配当金と、不動産の賃貸などによって、トータルで2,082百万円もの営業外収益を生み出しているのです。

　こうなってくると、アサツー　ディ・ケイはいったい何をしている企業なのかわからなくなりそうです。そもそも、何をもって本業と副業を区別するのかもあいまいな部分がありますしね。

　いずれにしても、損益計算書の営業外収益を見ると、企業のこうした「隠れた儲けの種」がわかる可能性があるというわけです。

有価証券にみる企業同士の関係

　これだけの配当金があるということは、それだけ株を持っているということ。いったいどれだけ株を持っているのか、疑問がわいてきます。

株は、「有価証券」もしくは「投資有価証券」という名前で、貸借対照表の資産の部に集計されます。[22] トレーディング目的で短期に売買するような株、譲渡性預金やMMFは「有価証券」として、長期的に保有するような株は「投資有価証券」として集計します。

アサツー ディ・ケイの貸借対照表を見ると確かに「投資有価証券」が目立っています。投資有価証券が53,280百万円、有価証券が2,145百万円ですから、資産

22)
貸借対照表とは、会社の資産や負債について一覧表にした書類で決算書の一つ。会社が抱えている資産や借金を知りたかったら、まず貸借対照表をチェック。株（有価証券）は資産なので、貸借対照表の資産の部に記載されます。

アサツー ディ・ケイの貸借対照表

㈱アサツー ディ・ケイ(9747) 平成21年12月期決算短信

Ⅳ. 連結財務諸表
1. 連結貸借対照表

（単位：百万円）

	前連結会計年度 （平成20年12月31日）	当連結会計年度 （平成21年12月31日）
資産の部		
流動資産		
現金及び預金	※4 14,881	※4 21,605
受取手形及び売掛金	※2 101,823	※2 87,957
有価証券	※4 3,419	※4 2,145
たな卸資産	8,623	※5 8,824
繰延税金資産	477	641
その他	2,970	1,759
貸倒引当金	△723	△677
流動資産合計	131,472	122,255
固定資産		
有形固定資産		
建物及び構築物（純額）	※4 1,822	1,709
土地	※4 1,284	1,276
その他（純額）	969	953
有形固定資産合計	※1 4,077	※1 3,938
無形固定資産		
ソフトウエア	1,848	1,424
その他	117	117
無形固定資産合計	1,966	1,542
投資その他の資産		
投資有価証券	※3, ※4 41,925	※3, ※4 53,280
長期貸付金	431	696
繰延税金資産	3,574	806
その他	※3 9,303	※3 9,200
貸倒引当金	△968	△1,695
投資その他の資産合計	54,267	62,287
固定資産合計	60,310	67,769
資産合計	191,782	190,024

の約29%が有価証券なのです。統計データがあるわけではないのですが、感覚的にはすごい高い割合。

もしかしてこれは広告業界の特徴なのでは、と思って計算してみましたが、電通は約16%、博報堂ＤＹホールディングスは約10%ですから、やはりアサツー ディ・ケイが保有する株はかなり多いので驚きです。

こうなると、いったいどんな銘柄を持っているのかも気になってきます。でも、決算短信には銘柄までは掲載されません。そういうときに役立つのが、有価証券報告書[23]。有価証券報告書とは、上場している企業が内閣総理大臣に提出する、決算や企業の状況を報告する書類。決算短信はいわば、有価証券報告書の簡易版といえるでしょう。

有価証券報告書には、保有銘柄の明細表があるのでそこで保有銘柄をチェックできるのです。厳密には、前ページの貸借対照表は「連結貸借対照表」という企業グループに関するデータであるのに対し、有価証券報告書

23) 有価証券報告書
上場企業の場合は、EDINETで見ることができます。http://info.edinet-fsa.go.jp/

アサツー ディ・ケイ　有価証券明細表

銘柄			株式数(株)	貸借対照表計上額(百万円)
投資有価証券	その他有価証券	アサヒビール㈱	1,000,000	1,712
		㈱東京放送ホールディングス	982,900	1,277
		松竹㈱	1,100,000	911
		㈱資生堂	421,718	751
		三菱商事㈱	310,000	714
		日清食品ホールディングス㈱	220,000	666
		Omnicom Group Inc.	179,980	648
		㈱歌舞伎座	100,000	361
		㈱不二家	2,000,000	344
		㈱ビービーエムエフ	356,000	339
		その他株式（157銘柄）	10,453,651	6,923
計			17,124,249	14,651

の有価証券明細書はアサツー デイ・ケイという企業のデータになりますので、両者の集計範囲は必ずしも一致しません。それでも、十分に参考になると思いますよ。実際、面白い状況が見えてきました。

まずは、アサヒビール、TBSホールディングス、松竹など、いろいろな株を保有していることがわかりました。多額の配当金があったことを考えると、配当を得る目的で保有しているのではないかという仮説を立てました。

でも、そうだとしたら、不二家の株を持っているのはあまり得策ではありません。実際、このところ、不二家はまったく配当を出していませんから。

そこでさらに調べてみると、不二家もアサツー ディ・ケイの株を持っていることがわかりました。そのため、配当目的というよりいわゆる「株の相互持合[24]」ではないかと推測し直します。

24) 株の相互持合
会社同士がお互いの株を保有しあうこと。絆を深めたり、安定的な株主（すぐに売ったりしない株主）の確保などが目的。

結局TBSホールディングス、松竹、歌舞伎座が株の持ち合いでそれぞれつながっているようですし、三菱商事と日清食品ホールディングスも同様につながっていました。そういう株を安定的に保有しているということは、持合の銘柄が多いのだと妄想できますね。

一見つながりのないような企業でも、「株の持合」といった形で仲良くしている様子が目に浮かんでくるようです。法律上や系列にとらわれない企業の関係を、株の状況から想像してみると、ニュースの裏が見えることもあるかもしれません。

それにしても、有価証券の時価評価が始まって、株の相互持合はかなり解消されたといわれていましたが、調べてみるとまだまだ存在しているのですね。決算短信を入口に、ずいぶんと深い企業の関係にいたるまで妄想できるものです！

企業経営と営業外費用

ところで、アサツー ディ・ケイのように、副業が本業の損失をカバーするケースもあれば、逆に、副業や金融取引の失敗が本業の足を引っ張ることもあります。

たとえば、サイゼリヤ[25]がそんなケース。サイゼリヤはイタリアンレストランをチェーン展開している千葉県生まれの企業です。価格がとてもリーズナブルで、千葉県出身の私は、高校時代から（今現在も）本当にお世話になっています。私の周囲ではミラノ風ドリアの人気が高いようですが、私は肉サラダが大好きです。

25) **サイゼリヤ**
http://www.saizeriya.co.jp/

そんなサイゼリヤの21年8月期の決算短信[26]を見てみると、営業利益は9,168百万円と、前年より22%も増加しているのに対し、経常利益は△6,929百万円という経常損失となっているのです。利益のねじれこそありませんが、本業で得たはずの利益を本業以外ですべて無駄にしてしまったという状況に陥っているというわけ。

26) 次ページの囲み①に注目！

いわば、サラリーマンが給料を一生懸命節約して、その余ったお金で株式投資をしたら失敗してすべて無駄にしてしまったようなもの。余計なことをしなければ、ちゃんと儲けることができたはずなのに……。

営業利益が出ているにも拘らず、大幅な経常損失になってしまった理由がどこにあるかは、アサツー ディ・ケイのときと同じように、

サイゼリヤの決算短信の表紙

(財)財務会計基準機構会員

平成21年8月期 決算短信

平成21年10月13日

上場会社名　株式会社 サイゼリヤ　　　　上場取引所　東
コード番号　7581　URL　http://www.saizeriya.co.jp
代表者　（役職名）代表取締役社長　（氏名）堀埜　一成
問合せ先責任者（役職名）取締役総務部長兼財務担当　（氏名）柴田　良平　TEL 048-991-9611
定時株主総会開催予定日　平成21年11月27日　配当支払開始予定日　平成21年11月30日
有価証券報告書提出予定日　平成21年11月30日

（百万円未満切捨て）

1. 21年8月期の連結業績（平成20年9月1日～平成21年8月31日）

(1) 連結経営成績　①　（%表示は対前期増減率）

	売上高		営業利益		経常利益		当期純利益	
	百万円	%	百万円	%	百万円	%	百万円	%
21年8月期	88,323	4.0	9,168	22.2	△6,929	—	△4,896	—
20年8月期	84,949	2.5	7,501	0.8	7,853	△5.4	4,011	△9.1

	1株当たり当期純利益	潜在株式調整後1株当たり当期純利益	自己資本当期純利益率	総資産経常利益率	売上高営業利益率
	円 銭	円 銭	%	%	%
21年8月期	△95.79	—	—	—	10.4
20年8月期	77.86	—	7.5	12.4	8.8

（参考）持分法投資損益　21年8月期 —百万円　20年8月期 —百万円

(2) 連結財政状態

	総資産	純資産	自己資本比率	1株当たり純資産
	百万円	百万円	%	円 銭
21年8月期	68,369	47,244	69.1	924.13
20年8月期	63,951	54,354	85.0	1,063.18

（参考）自己資本　21年8月期 47,244百万円　20年8月期 54,354百万円

(3) 連結キャッシュ・フローの状況

②

	営業活動によるキャッシュ・フロー	投資活動によるキャッシュ・フロー	財務活動によるキャッシュ・フロー	現金及び現金同等物期末残高
	百万円	百万円	百万円	百万円
21年8月期	△6,281	△5,258	11,452	14,681
20年8月期	8,313	△2,954	△1,909	15,245

2. 配当の状況

	1株当たり配当金					配当金総額（合計）	配当性向（連結）	純資産配当率（連結）
	第1四半期末	第2四半期末	第3四半期末	期末	合計			
	円 銭	円 銭	円 銭	円 銭	円 銭	百万円	%	%
20年8月期	—	—	—	18.00	18.00	920	22.9	1.7
21年8月期	—	—	—	18.00	18.00	920	—	1.8
22年8月期（予想）	—	—	—	18.00	18.00		—	

3. 22年8月期の連結業績予想（平成21年9月1日～平成22年8月31日）

（%表示は通期は対前期、第2四半期連結累計期間は対前年同四半期増減率）

	売上高		営業利益		経常利益		当期純利益		1株当たり当期純利益
	百万円	%	百万円	%	百万円	%	百万円	%	円 銭
第2四半期連結累計期間	44,800	10.1	4,000	95.4	4,000	—	2,050	—	40.10
通期	93,000	5.3	9,400	2.5	9,300	—	4,900	—	95.85

営業利益＋営業外収益－営業外費用＝経常利益

という構造から推測できますよね。

そうです。営業利益を経常損失へと導いてしまったの

は、営業外費用が多額だったから、と考えられるのです。

そこで、サイゼリヤの損益計算書で営業外費用をチェック！

やはり目立つ数字が一つありました。そう「デリバティブ解約損15,310百万円」[27]です。売上高が88,323百万円、営業利益が9,168百万円というサイゼリヤで、

27）
損益計算書の囲みに注目。「デリバティブ解約損」として大きな数字が計上されています。

サイゼリヤの損益計算書

（2）連結損益計算書

（単位：百万円）

	前連結会計年度（自 平成19年9月1日 至 平成20年8月31日）	当連結会計年度（自 平成20年9月1日 至 平成21年8月31日）
売上高	84,949	88,323
売上原価	30,163	30,250
売上総利益	54,786	58,072
販売費及び一般管理費	47,284	48,904
営業利益	7,501	9,168
営業外収益		
受取利息	240	154
為替差益	932	－
その他	15	33
営業外収益合計	1,187	187
営業外費用		
支払利息	－	80
為替差損	－	297
デリバティブ評価損	831	576
デリバティブ解約損	－	15,310
その他	4	21
営業外費用合計	835	16,286
経常利益又は経常損失（△）	7,853	△6,929
特別利益		
補償金収入	36	66
特別利益合計	36	66
特別損失		
減損損失	164	256
固定資産除却損	326	216
店舗閉店損失	227	155
その他	22	0
特別損失合計	740	629
税金等調整前当期純利益又は税金等調整前当期純損失（△）	7,149	△7,492
法人税、住民税及び事業税	3,117	439
法人税等調整額	20	△3,035
法人税等合計	3,137	△2,595
当期純利益又は当期純損失（△）	4,011	△4,896

15,310百万円の費用がかかったのですから、赤字に陥るわけです。

ここで、デリバティブとは、為替レートの予約や先物取引、オプション取引といった金融派生商品を意味しています。デリバティブ取引は、本業の為替変動リスクや原材料の相場変動リスクを回避するために行う場合もありますが、いわゆる投資として行われる場合もあります。いずれにしても、お金をリスクにさらして運用するという側面を持った金融取引であることは間違いありません。

サイゼリヤが、本業の為替変動リスクなどをカバーするためにこの取引を実施したのか、単なる資金運用だったのか、特に調べてはおりません。ただ、その取引を解約するために、これだけの費用がかかってしまったのは事実。デリバティブ取引が期待した効果をあげられず多額の解約金が必要になったというわけです。

このように、副業や金融取引は、うまくいけば本業の損失を穴埋めしたり本業のリスクをヘッジしたりする可能性がある一方で、本業での利益を食いつぶして赤字へと企業を誘う可能性もあるのです。

サイゼリヤについて もう一つ気になるところ

サイゼリヤの決算短信を見ていたら、もう一つ気になるところが。

それは、営業活動によるキャッシュ・フローがマイナス[28]であるということです。

28)
P52の決算短信の囲み②の営業活動によるキャッシュ・フローを見ると、△6,281百万円になっていますね。

キャッシュ・フローについては第５章で詳しく解説しますが、企業のお金（キャッシュ）の増減に注目した計算書のことです。営業活動によるキャッシュ・フローがマイナスということは、営業活動でお金が減ったということ。普通、企業はお金を増やすために事業を展開しているわけですから、営業キャッシュ・フロー（営業活動

サイゼリヤのシャッシュ・フロー計算書

（4）連結キャッシュ・フロー計算書

（単位：百万円）

	前連結会計年度 （自　平成19年９月１日 至　平成20年８月31日）	当連結会計年度 （自　平成20年９月１日 至　平成21年８月31日）
営業活動によるキャッシュ・フロー		
税金等調整前当期純利益又は税金等調整前当期純損失（△）	7, 149	△7, 492
減価償却費	2, 477	2, 694
貸倒引当金の増減額（△は減少）	0	△0
賞与引当金の増減額（△は減少）	31	58
株主優待引当金の増減額（減少△）	78	△10
受取利息及び受取配当金	△240	△154
支払利息	―	80
為替差損益（△は益）	107	268
デリバティブ評価損益（△は益）	831	576
デリバティブ解約損	―	15, 310
固定資産除却損	326	216
店舗閉店損失	227	155
減損損失	164	256
補償金収入	△36	△66
テナント未収入金の増減額（増加△）	△137	76
たな卸資産の増減額（△は増加）	565	△158
その他の流動資産の増減額（△は増加）	△92	70
買掛金の増減額（減少△）	331	△114
その他の流動負債の増減額（△は減少）	169	△63
その他	△234	471
小計	11, 720	12, 176
利息及び配当金の受取額	178	86
利息の支払額	―	△86
デリバティブ取引解約による支払額	―	△15, 310
法人税等の支払額	△3, 585	△3, 147
営業活動によるキャッシュ・フロー	8, 313	△6, 281
投資活動によるキャッシュ・フロー		
非連結子会社株式の取得による支出	△316	△1, 087
有形固定資産の取得による支出	△2, 818	△3, 637
無形固定資産の取得による支出	△58	△44
敷金・保証金・建設協力金の支出	△497	△629
敷金・保証金・建設協力金の回収による収入	796	289
貸付金の増減額（△は増加）	―	△100
その他投資に関する収入及び支出（支出△）	△60	△48
投資活動によるキャッシュ・フロー	△2, 954	△5, 258

によるキャッシュ・フローを略して、こういう言い方をすることもあります）がマイナスということは、事業がうまくいっていないのかも、と疑いたくなります。

さて、その理由を探るべく、キャッシュ・フロー計算書（P55）の営業活動によるキャッシュ・フローを見てみると、原因は営業外費用にもあったデリバティブの解約でした。

「デリバティブ取引解約による支払額[29]」ということで実際に、15,310百万円という支出があったのだと読み取ることができます。

29)
こういう書類を見るときのコツは、金額の大きい数字に注目すること。P55のキャッシュ・フロー計算書の中では「デリバティブ取引解約による支払額」が数字も大きく目立っていますよね！

それが大きく影響して、営業キャッシュ・フローがマイナスになっている。これさえなければ、営業キャッシュ・フローもプラスとなったはずなのです。

なお、営業活動によるキャッシュ・フローは小計欄を境に分かれている事も覚えておくとよいでしょう。小計より上は、本業ビジネスに関するキャッシュ・フローを、小計より下は、営業・投資・財務のいずれにも分類できない項目を記載することになっています。「デリバティブ取引解約による支払額」は小計より下に記載されていますから、レストラン事業という本業ビジネスそのものの支出ではないけれど単なる資金運用による支出でもないのだと解釈できるというわけです。

本業ビジネスと金融取引。働いて儲ける力とマネーリテラシー。アサツー ディ・ケイやサイゼリヤの決算短信を見ていると、資本主義の世の中ではどちらも大切な力なのだということがよくわかるような気がします。

決算短信速習コーナー②
「損益計算書」の見方と利益の種類

損益計算書で５つの利益を計算

決算短信の表紙に載っている利益は、損益計算書から抜粋されたデータです。損益計算書は文字通り「損」と「益」を表したもので、それは「収益（主に売上）－費用＝利益（損失）」で計算されます。貸借対照表には調達したお金と資産の運用状態が記載されますが、その資産を利用してビジネスを行った結果、利益がどれくらい出たかを表したのが損益計算書です。

ひと言で利益といっても、段階的に５つの利益が計算されることになっています。５つの利益は、「売上総利益」、「営業利益」、「経常利益」、「税引前当期純利益（税金等調整前当期純利益）」、「当期純利益」。このうち重要度の高い営業利益、経常利益、当期純利益の３つが決算短信の表紙に記載されています。

次ページを見てわかるように、損益計算書は一番上に書かれた売上高から、下に向かっていろいろな収益や費用を足し引きしていき、最終的に当期純利益がはじき出されるという構造になっています。

それでは、５つの利益には、どのような違いがあるのでしょうか。表紙に載っている利益については繰り返しになりますが、おさらいしながら、ひとつずつ確認していきたいと思います。

損益計算書の一番上に出てくる利益は、「売上総利益」です。「売上高－売上原価＝売上総利益」で、すべての利益の源になります。売上総利益のことを粗利（あらり）ともいい、当然ですが粗利が大きければ下に続く利益も大きくなります。

次の「営業利益」は、売上総利益から人件費や家賃などの「販売費及び一般管理費」を差し引いたものです。これは本業ビジネスによる稼ぎですね。

損益計算書は、売上高→当期純利益を計算するもの！

(2)連結損益計算書

(単位:百万円)

	前連結会計年度 (自 平成19年4月1日 至 平成20年3月31日)	当連結会計年度 (自 平成20年4月1日 至 平成21年3月31日)
売上高	1,672,423	1,838,622
売上原価	972,362	1,044,981
売上総利益	700,060	793,641
販売費及び一般管理費	212,840	238,378
営業利益	487,220	555,263
営業外収益		
受取利息	44,158	30,181
その他	4,406	1,978
営業外収益合計	48,564	32,159
営業外費用		
売上割引	1,065	752
為替差損	92,346	133,908
その他	1,565	4,067
営業外費用合計	94,977	138,727
経常利益	440,807	448,695
特別利益		
貸倒引当金戻入額	174	243
固定資産売却益	3,722	13
投資有価証券売却益	37	82
特別利益合計	3,934	339
特別損失		
固定資産処分損	51	69
投資有価証券評価損	10,914	832
特別損失合計	10,966	902
税金等調整前当期純利益	433,775	448,132
法人税、住民税及び事業税	187,201	179,997
法人税等調整額	△ 10,669	△ 10,863
少数株主利益	△ 99	△ 91
当期純利益	257,342	279,089

営業利益が本業分野であるのに対し、次の「経常利益」は副業分野で得た損益を含めた利益となります。本業のビジネスそのものではなく、銀行にお金を預けて得る利息や、借金による金利の支払いのように、日常的に発生する収益や費用があります。それを営業利益に足し引きしたものが経常利益。本業の儲けに加えて、ここでは金融取引に関する損益がわかります。

そして、本業でも副業でもなく、“特別な事情”による損益を計算。前にも述べましたが、一時的に発生した利益や損失を経常利益から足し引きしたものが「税引前当期純利益（もしくは税金等調整前当期純利益）」になります。

損益計算書の上から計算してきて、ようやく一番下にたどりつきました。最後は税金の計算です。税引前当期純利益から、法人税、住民税、事業税等を差し引くと、最終的な「当期純利益」になります。

このように、損益計算書は最初の売上高から最終的な当期純利益までを計算して表したものです。

損益計算書のつまずきポイントは、上から下に向かって収益や費用を足し引きするのに、どれがプラスで、どれがマイナスなのか、明記されていないところです。まずは、左の計算書を見ながら、項目ごとのプラス・マイナスがパッと見分けられるようになるといいですね。

たとえば、営業損失でも、資産の売却によって当期純利益になることもあります。この企業は何で儲けて、何に費用をかけたのか。プラス・マイナスの構造を覚えると、おおまかなストーリーが見えてくるでしょう。

一番重要な利益はどれ？

企業の業績を判断する際には、やはり本業の儲けを表す「営業利益」が重視されます。速習コーナー①では３つの利益について解説してきましたが、表紙に並んでいる通り、一番重要な営業利益から経常利益、当期純利益の順でチェックするのがいいでしょう。

利益をひと通り見て、どれもプラスなら儲かっているのだとわかりますが、営業利益はプラスでも、経常利益がマイナスになっていることもあります。この場合、それぞれの利益の内容から考えると、本業で儲かっていても、利息の支払いに追われているのかもしれないと推測することができますね。裏を返せば、借金さえ返済してしまえば儲けも大きくなる、という推測もできます。本業が儲かっていれば、支援する企業も出てきて倒産せずに済むこともあります。実際、こういう企業がＭ＆Ａのターゲットとして狙われることも多いのです。

逆に、営業利益はマイナスで、経常利益がプラスならどうでしょうか。本業をそっちのけで財テクに走っているのかもしれません。また、事業のシフトが行われている可能性もあります。いずれにせよ、本業で儲ける力が弱いことには変わりなく、いくら財テク上手な企業でも安心はできません。

また、３つの利益を見て、そのバランスにも注目しましょう。バランスを見ると言っても、不自然な金額があるかないかを確かめるだけで大丈夫。もしバランスが崩れていたら要注意です。というのも、企業は利益に対して法人税を支払う決まりになっています。当期純利益は、経常利益に特別損益を足し引きして、さらに法人税等を引いたものでしたね。つまり、経常利益は税引き前の利益で、当期純利益は税引き後の利益。法人税等の税率はおよそ40％ですから、特別な事情がなければ経常利益の60％程度が当期純利益になる、という目安をつけることができるのです。それがケタ違いにプラスやマイナスになっていたら、原因を探ってみましょう。なぜなら、その原因は“特別な事情”による可能性が高いからです。どんな事情であるかは、損益計算書の「特別利益」「特別損失」という項目で確認できます。

利益のバランスを見よう

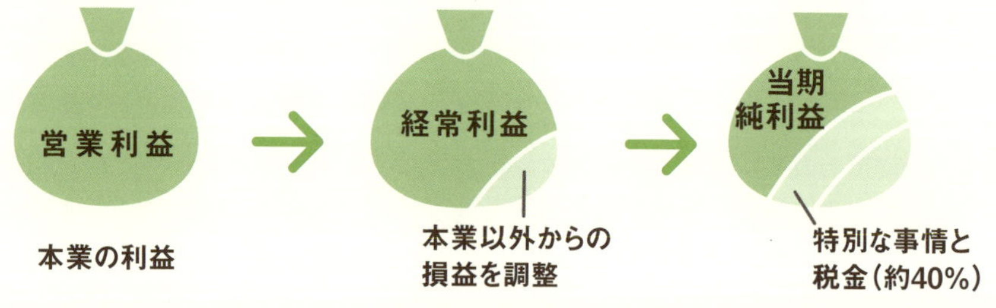

業績のトレンド

第１章でも少し触れましたが、理想的な経営は、売上も利益もしっかり伸びていること。売上と利益を確認したら、前年同期の数字と比べてみましょう。

下の表は、決算短信の表紙から経営成績の部分を抜き出したものです。どの数字も２期分が上下２段にならべて掲載されています。上段が今期の数字、下段はその１年前の数字です。単純に数字を見比べれば、増えたのか、減ったのかがひと目でわかります。さらに、同じ枠の中に伸び率のパーセンテージも出ていますので、前年同期に対してどれだけがんばったのかも同時に知ることができます。

このように数字を見比べていくと、おおよその業績のトレンドも見えてきます。

伸び率

今期 → 21年8月期
前期 → 20年8月期

(1) 連結経営成績　　（%表示は対前期増減率）

	売上高		営業利益		経常利益		当期純利益	
	百万円	%	百万円	%	百万円	%	百万円	%
21年8月期	88,323	4.0	9,168	22.2	△6,929	—	△4,896	—
20年8月期	84,949	2.5	7,501	0.8	7,853	△5.4	4,011	△9.1

	1株当たり当期純利益	潜在株式調整後1株当たり当期純利益	自己資本当期純利益率	総資産経常利益率	売上高営業利益率
	円 銭	円 銭	%	%	%
21年8月期	△95.79	—	—	—	10.4
20年8月期	77.86	—	7.5	12.4	8.8

（参考）持分法投資損益　21年8月期 —百万円　20年8月期 —百万円

売上や営業外収益といった、企業の儲けを総称して収益というので、売上の増加を「増収」といいます。逆に減った場合は「減収」です。同じように、利益の場合は「増益」「減益」といいます。

業績のトレンドは４つの方向に分類されます。

前年同期と比較して、売上も利益も増えることを「増収増益」、売上が増えて利益が減ることを「増収減益」といいます。そして売上も利益も減ると「減収減益」、売上が減って利益が増えると「減収増益」です。

ここでチェックしたいのは、業績トレンドがどの方向にあるかということ。

増収増益ならば業績は好調に伸びている、あるいは減収減益ならば儲かっていない、といった大まかな方向性を把握していきます。

増収増益は文句なしの好業績ですが、減収や減益であっても何らかの理由で今期だけがそうなのかもしれません。また、減収増益は、前年に比べて売上高は減ったけれど、利益は伸びているということ。この場合、コスト構造を改善して経営がよくなった、と考えることができます。そうすると、今後は期待できそうだ、という予測にもつながっていくのです。ですから、減収や減益はダメと単純に判断するのではなく「具体的にはどういう状況なのか」を判断する事が大切です。

もうひとつ、業績トレンドで大切なのは、ニュースや新聞から得た情報と業績数字を合わせてチェックすることです。

たとえば、企業のＭ＆Ａなどは、ニュースでもよく取り上げられますが、そういったことも決算書の数字にちゃんと表れます。「Ｍ＆Ａで売上は大きくなったけれど、追加費用が生じて、利益が減ってしまった。だから増収減益になったのか」という具合に確認できます。

また、今後は事業を拡大していくと発表しておきながら、必要な設備などを売却して事業を縮小しているような企業は信用できませんし、何かウラがあるかもしれないと、冷静な判断につなげていく必要があります。

Coffee break♪

亮子先生の
会計エッセイ

決算書という「物語」～私が公認会計士になった理由～

今でこそ社会の中でもだいぶ知られるようになった「公認会計士」という資格。公認会計士の書いた本がベストセラーになったり、著名な会計士が出現したりして知名度が上がりましたが、正直なところ、私たちの日常生活にはあまり関係のない、馴染みのない資格ではないでしょうか。

そんなこともあってか、

「どうして会計士になったのですか？」

という質問をよく受けます。答えは

「いつでも自力で稼げるようになるためには資格を取るのが一番だと思ったから」

という現実的なものになりますが。それを女子大生のときに考えていたのだから、夢がないですよね。

「女性だし、結婚すればいいじゃない」と言われたこともありましたが、結婚は相手が必要なことですし、できないことだってありえますし、離婚することだってありえます。それなら、できる努力はしておこう、と大学入学と同時に資格試験の勉強を始めました。

ちなみに、実はもう１つ、資格取得の大きな決め手があるのですが、それは

「父におだてられたから」

です（笑）。

自分の能力を棚にあげ、司法試験や公務員試験などに関する専門学校のパンフレットを並べてどの資格にチャレンジするか悩んでいたところ

「会計士だったら受かるかも知れないぞ」

と無責任な一言を父が言い放ったのでした。こんな調子ですから、資格を取ってみるまで、実際何をする職業なのか、何ができる資格なのかは、よくわかっていませんでした。

そんな私が資格を取れたのは、実は会計という世界を勉強してとても楽しかったから。そもそも、会計士の資格に執着していたわけではありませんでしたので、大学生活でほかに楽しいことを見つけたら勉強はやめてしまおう、と気軽に始めた会計の勉強。それなのに、これがなんだか、やけに楽しいのです。

実は、簿記の勉強を始めたころ、世の中を全部無意識に「仕訳」してしまうほど、楽しかったのです。そして、取引を右と左に分けて記録するという単純なルールで、世の中の出来事をほとんど描き出すことができることに本当に感動しました。簿記というのは、なんと優れた言語でしょう！

文豪ゲーテは「複式簿記は世界の中でもっとも美しい発明の一つ」と小説の中で表現しているそうですが、本当にその通り！　１日の出来事を仕訳しておけば、その日がだいたいどんな１日だったかがわかるし、データを集計すると右と左がぴったり一致してすべてのつじつまが合うのは、よくできたパズルゲームのよう。

そんなわけで簿記の勉強にのめりこんだのが、私の会計士人生への第一歩でした。

簿記は経済的なあらゆる取引を表現できる言語で、帳簿はそれを記載したノート。だから、会計屋（会計をこよなく愛する人）にとって、帳簿はそれを記録した人の日記であり、まるで物語なのです。「この日はきっと朝起きて、遅刻しそうだったからタクシーで移動したのかな。誰かとコーヒーを飲んだみたいだけれど、取引先の人かな？　それとも会社の同僚？

あ、手付金が入金されているみたい。きっと商談がまとまったんだ！」

なんていう具合に。もちろん、真実がすべてわかるわけではありませんが。

さらに、その帳簿をまとめあげたサマリーが決算書。だから、決算書を見れば、帳簿の記録を推測することができて、帳簿の記録を推測できれば、いったいどんな取引をしてきたのか妄想できるというわけ。

会計は、人々の営みを数値データに落とし込む言語や文法のこと。だから逆に、会計を知っていれば、数値データから人々の営みを妄想できるのです。

そんなこんなで、簿記を勉強しているとついつい夢中になって、気づいたら朝になっていたということも頻繁にありました。それだけ夢中になることができましたから、勉強量も相当だったと思います。そして運の良さも手伝って、会計士の資格を取ることができたというわけです。

たいした理由も決意もなく取得した会計士資格ですが、会計の世界の魅力に私は今も惹きつけられ続けています。

chapter

03

企業の健康状態は「貸借対照表」でわかる！

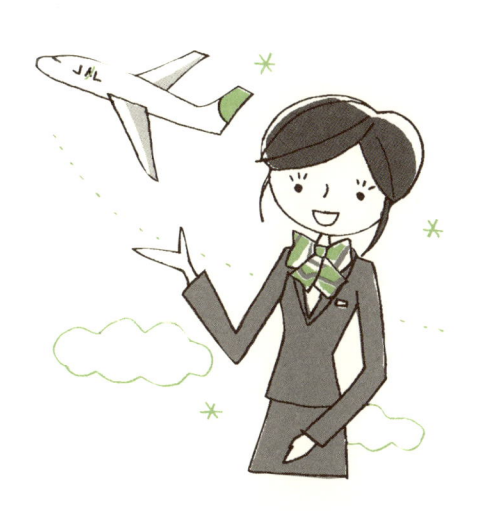

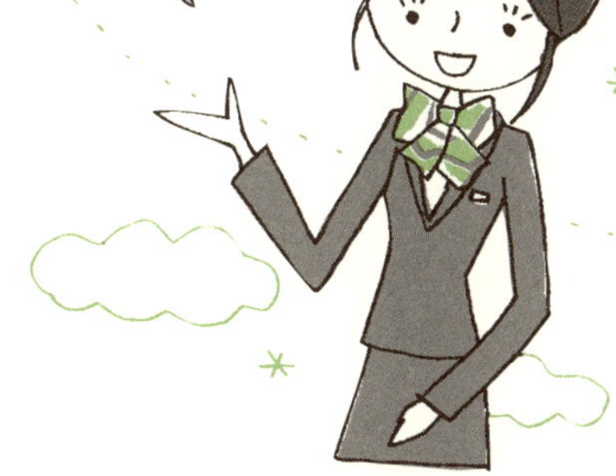

chapter-03

なにかと話題のJALの健康状態を見る

この章のポイント

決算短信の表紙の上の方を見れば、その企業の業績（どのくらい稼いだか）をチェックできます。でも、チェックすべきポイントは業績だけなのでしょうか？　いやいや、言うまでもなく、他にも大切なポイントがあります。その一つが「資産や負債」を見るということです。その会社がどんな資産をどれくらい持っているのか、どれくらいの負債を抱えているのかなどを見ることで企業がどのような状態にあるのか浮き彫りになるのです。

この資産と負債の情報も、その概要は決算短信の表紙の真ん中あたりに書いてあります。そして、さらに詳しい内訳は、決算短信を何ページかめくったところにある「貸借対照表」を見ればわかるようになっています。

それでは少し前に話題になったJALの決算短信を見ていきましょう。

亮子先生の決算短信妄想術

資産と負債のバランスをチェック！

財政状態は健康状態

JALをどう再建するのか―。

少し前、そんなことが話題になりましたので、JALはどのくらい苦しい状態だったのか、決算短信を見てみることにしました。

経営が本当に苦しいかどうかは、「利益が出ているかどうか＝経営成績」からも推測することはできるのですが、それよりも「財政状態」[30] に注目することが大切です。

財政状態とは、企業の資産や負債の状況のことです。ここで資産とは、平たく言えば企業が持っている財産のこと。たとえば会社のビルとか工場とか、工場で使っている機械とか倉庫にある商品在庫とか保有している株などが資産に該当します。

一方、負債とは平たく言えば企業が背負っている借金のこと。当然のことながら、借金は返済しなければなりませんから、負債とは、企業が支払っていかなければならない義務を意味しているといえます。

この財政状態を把握することは非常に重要です。

売上がどうだとか利益がどうだとかいう「業績（経営成績）」は、あくまでもこの１年間に限った良し悪しの話。１年くらい業績が悪くても、それを支えるだけの財産（蓄え）があれば、企業が倒産することはありません。実際、不祥事によって大きな損害を被った企業が、自社ビルを売って急場をしのぎ、黒字になるまでに回復した例もありますから。

頑強な人が少しくらい熱を出してもすぐに治ってしまうでしょう？　それに対して、そもそも体の弱い人や体力が落ちているときは、治りが悪かったり重症になったりしますよね。

企業も同じ。資産のある企業であれば資産を売って資金を得ることができるので少しくらいの赤字でも大丈

30）
企業を見るとき、主に二つの側面から見ることができます。一つは売上高や利益などの業績面（経営成績面）。もう一つは資産や負債などの財政面。この章では主に、財政面を見ていきます。

夫！　それに対して、資産のない企業は赤字が最後のダメ押しとなって倒産してしまうかもしれないのです。

ただし、資産が多いだけで「体力がある」「健康だ」と判断しては危険です。企業は一般的に「どうしても借金を返せなくなったとき」倒産します。お金が足りなくなっても、最初は資産を売ってお金を作って返済をし、売るものがなくなったら借金返済のための資金を借金によって調達し、最終的にはそれすらもできなくなって倒産するのです。

つまり多額の資産があっても、負債の額が多ければ、企業を支えることができなくなってしまうというわけ。いわば、資産は企業を経営する「体力」であり、負債は「負荷」だといえるでしょう。大切なのは資産と負債のバランスなのです。

そのため「資産＞負債」であることは非常に重要で、しかも、できるだけ身軽、つまり負債を持たない方が健康な企業であると考えられます。ただし、負債という名の負荷によってビジネスに勢いがつくこともあるので適度な重さなら問題ないのですけれどね。

資産と負債は金額よりも、「資産＞負債」であることが大切

ちなみに、資産すべてを負債の返済に充てたとしたら、計算上、企業には、資産と負債の差額分の資産が残ります。その、資産と負債の差額のことを「純資産[31]」といいます。そして、この資産と負債と純資産のデータをまとめた決算書が「貸借対照表」なのです。

31）
資産－負債＝純資産

「自己資本比率」は資産と負債のバランスのこと

実際にJALの決算短信の表紙にある財政状態を見てみると、21年3月期の資産は1,750,679百万円（1兆7,506億7千9百万円）[32]。負債は表紙からはわかりませんが純資産が196,771百万円（1,967億7千百万円）であることはわかります。「資産－負債＝純資産」ですから、負債は1,553,908百万円（1兆5539億8百万円）ということですね。

32）
次ページの決算短信の囲み①に書いてあります！　JALのホームページはhttp://www.jal.com/jp/

少々厳密さを欠いた表現にはなりますが、JALは1兆7千億円という財産を持っていると同時に、1兆5千億円の借金を抱えている状態であったということ。つまり、財産はそれなりにあるものの1兆5千億円の支払い義務も抱えているため、最終的に手元に残るのは純資産の2千億円である、というわけです。

さて、この財政状態のデータを見たら、まずは、「資産＞負債」の状態にあることをチェック！　簡単に言えば、純資産がプラス（「△」がついていない）であることをチェックします。「資産＜負債」となっている状態を「債務超過」といいますが、それだけで非常に危険な状態となりますよ。財産をすべて処分しても借金を返済

JALの決算短信の表紙

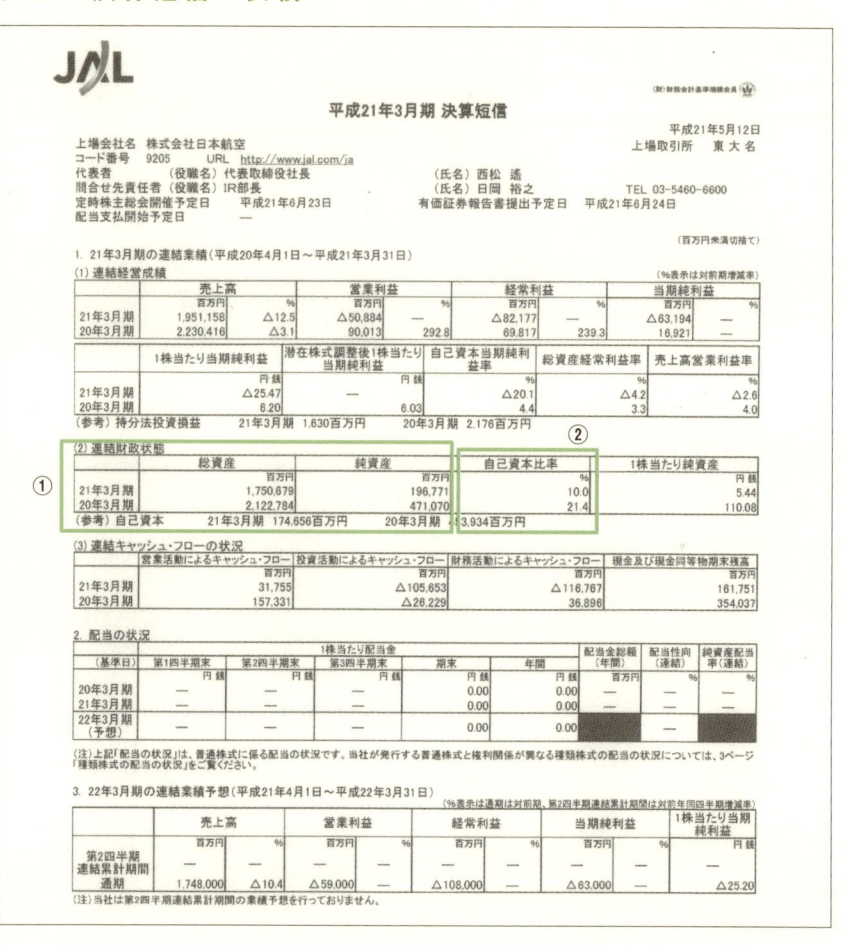

(財)財務会計基準機構会員

平成21年3月期 決算短信

平成21年5月12日

上場会社名　株式会社日本航空　　　　上場取引所　東 大 名
コード番号　9205　URL　http://www.jal.com/ja
代表者　（役職名）代表取締役社長　（氏名）西松 遙
問合せ先責任者（役職名）IR部長　（氏名）日岡 裕之　TEL 03-5460-6600
定時株主総会開催予定日　平成21年6月23日　有価証券報告書提出予定日　平成21年6月24日
配当支払開始予定日　—

（百万円未満切捨て）

1. 21年3月期の連結業績（平成20年4月1日～平成21年3月31日）

(1) 連結経営成績　（%表示は対前期増減率）

	売上高		営業利益		経常利益		当期純利益	
	百万円	%	百万円	%	百万円	%	百万円	%
21年3月期	1,951,158	△12.5	△50,884	—	△82,177	—	△63,194	—
20年3月期	2,230,416	△3.1	90,013	292.8	69,817	239.3	16,921	—

	1株当たり当期純利益	潜在株式調整後1株当たり当期純利益	自己資本当期純利益率	総資産経常利益率	売上高営業利益率
	円 銭	円 銭	%	%	%
21年3月期	△25.47	—	△20.1	△4.2	△2.6
20年3月期	6.20	6.03	4.4	3.3	4.0

（参考）持分法投資損益　21年3月期 1,630百万円　20年3月期 2,176百万円

①　②

(2) 連結財政状態

	総資産	純資産	自己資本比率	1株当たり純資産
	百万円	百万円	%	円 銭
21年3月期	1,750,679	196,771	10.0	5.44
20年3月期	2,122,784	471,070	21.4	110.08

（参考）自己資本　21年3月期 174,656百万円　20年3月期 4[illegible]3,934百万円

(3) 連結キャッシュ・フローの状況

	営業活動によるキャッシュ・フロー	投資活動によるキャッシュ・フロー	財務活動によるキャッシュ・フロー	現金及び現金同等物期末残高
	百万円	百万円	百万円	百万円
21年3月期	31,755	△105,653	△116,767	161,751
20年3月期	157,331	△26,229	36,896	354,037

2. 配当の状況

	1株当たり配当金					配当金総額（年間）	配当性向（連結）	純資産配当率（連結）
（基準日）	第1四半期末	第2四半期末	第3四半期末	期末	年間			
	円 銭	円 銭	円 銭	円 銭	円 銭	百万円	%	%
20年3月期	—	—	—	0.00	0.00	—	—	—
21年3月期	—	—	—	0.00	0.00	—	—	—
22年3月期（予想）	—	—	—	0.00	0.00		—	

（注）上記「配当の状況」は、普通株式に係る配当の状況です。当社が発行する普通株式と権利関係が異なる種類株式の配当の状況については、3ページ「種類株式の配当の状況」をご覧ください。

3. 22年3月期の連結業績予想（平成21年4月1日～平成22年3月31日）

（%表示は通期は対前期、第2四半期連結累計期間は対前年同四半期増減率）

	売上高		営業利益		経常利益		当期純利益		1株当たり当期純利益
	百万円	%	百万円	%	百万円	%	百万円	%	円 銭
第2四半期連結累計期間	—	—	—	—	—	—	—	—	—
通期	1,748,000	△10.4	△59,000	—	△108,000	—	△63,000	—	△25.20

（注）当社は第2四半期連結累計期間の業績予想を行っておりません。

できない状態、ということですからね。

さらに、借金が適切な水準であるかどうかをチェック。資産に対して借金が多すぎないかを確かめるのです。ここで、資産に対する負債の比率を計算してみれば、両者のバランスがわかりますが、一般的にはこれを、資産に対する純資産の割合で表現します。

つまり、資産ＶＳ負債でなく、資産ＶＳ純資産を計算するのです。

この、資産と純資産のバランスのことを「自己資本比率」[33]といいます。自己資本比率は「純資産」を「資産」で割ったもので、自己資本比率が高ければ高いほど負債の比率が低くなりますので、倒産可能性が低い企業であるといえます。

33）自己資本比率
純資産÷資産＝自己資本比率。資産のうち、純資産がいくらあるかを示したもの。純資産の割合が多いほど経営は安定しているといえる。

なお、自己資本比率は、わざわざ計算する必要はありません。決算短信の表紙に書いてあります[34]からね。JALの自己資本比率は10%と記載されています。

34）
左ページの囲み②がそれ。

JALの財政状況を図解すると……

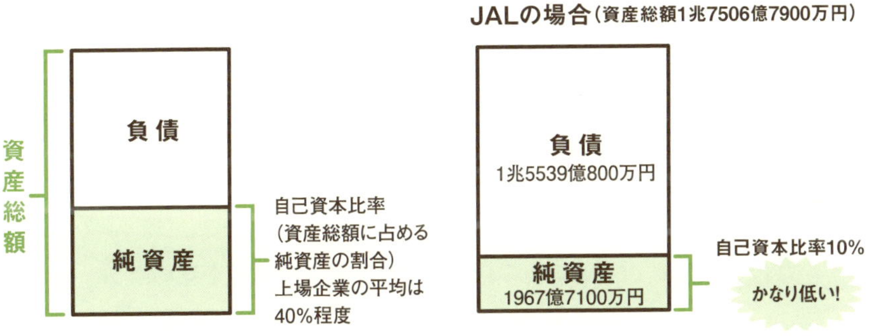

それでは、この割合、高いのでしょうか、低いのでしょうか。自己資本比率の水準は業種によってバラツキはあるものの、上場企業の平均は40%程度。また、倒産した企業の自己資本比率を見ると、10%を切っていることが多いことから、JALの10%はかなり低い水準、つまり、過度に負荷がかかった状態であると判断できま

す。

そのため、借金を軽減するなりして、資産と負債のバランスを整えなければ、とても前には進めない、という状態なのだと推測できます。更生という形で体力を回復したり重りを取り除いたりして、再スタートを切ろうとしていることもうなずけます。

企業が健康かどうか。これは自己資本比率だけでかなりわかります。もちろん、自己資本比率が高いからといって健康だと言い切るわけにはいきませんが、低ければ弱っているということは間違いありません。弱っているかどうかを判断するには、自己資本比率20%というラインを目安にすることをお勧めしています（金融機関以外の企業の場合）。それを切っているからといって即危険というわけではありませんが、気をつけておく基準になるでしょう。

自己資本比率は企業の健康のバロメーターなのです！

貸借対照表を疑え！

ところで、ここで「自己資本比率が低いなあ」というだけで終われないのが私の悪い癖。「もしかして……」とついつい決算書データを疑ってしまうのです。

何を疑うのかって？　それは「実質的な自己資本比率はどうなっているのか」という点です。実は、貸借対照表のデータを少し深く読み取ることで、決算短信の表紙に現れない実態を知ることができるのです。

「粉飾ではないか」と疑うわけではありません。決算書は一定のルールに従って作られたものなので、そのルールを知らないと情報を大きく読み間違えてしまう可能性があるということです。

たとえば、貸借対照表の資産について。貸借対照表の資産は、原則として、その資産を購入した時の金額で計上されています。このことを、「資産は取得原価で計上されている」と表現します。簡単に言ってしまえば、資産を全部売却したとしても貸借対照表に計上されている金額で売れるとは限らず、それだけのお金が手に入るとは限らないということです。

土地や建物、設備など、企業が所有し利用することを想定している資産を固定資産と呼びますが、これらは特に注意が必要です。取得してから何年も何十年も経過している可能性がありますからね。極端な話、何十年も前に購入した土地であっても、その時の金額で計上されている可能性があるというわけです。実際、130 億円ほどで売却された不二家の銀座本社は、貸借対照表では数億円で計上されていましたからね。

ですから、資産の中で固定資産が大きな割合を占めているような企業の場合、実際にどれだけの資産価値のある企業なのか、大きくズレる可能性があるのです。実質的な価値が貸借対照表の金額を超える可能性もあれば、下回る可能性もあるというわけです。

固定資産だけではありません。商品のように売買するものや、現金や預金といったお金そのものを流動資産といいますが、それぞれ注意すべき点があります。

たとえば、商品在庫は「たな卸資産」という名前で貸借対照表の資産の部に計上され、はっきりと売れないものだということがわかれば、金額を計算し直したりします。でも、売れるかどうかなんて客観的に判断できないことも多いので、「本当に売却できる商品なのだろうか」という疑いを持って見なくてはならないのです。

ほかにも、売上代金を回収する権利である「売掛金」や「受取手形」は、相手が支払ってくれて初めて企業にとって価値ある資産になりますから、回収可能性に目を光らせなければなりません。

このように、貸借対照表のいろいろなルールや資産の特徴を考えると、実質的な資産価値が貸借対照表の資産の額を大きく上回ったり下回ったりする可能性があるのです。

そうは言っても、資産がいくらで売れるのかといった情報や、本当に売れる商品なのかどうかは、なかなかわかりません。そのため、こうした留意点を頭に入れて、疑いの目を持っておくことが大切なのです。そうすれば、ニュースやその他の情報から、実態を理解するためのヒントを得ることができるかもしれませんからね。

誰にでもよくわかる「退職給付引当金」

負債についても、基本は同じです。貸借対照表には、返済義務が確定していたり、かなり高い確率で支払う義務のある金額が負債として集計されます。ですから、「訴訟に負けるかもしれない。そうなったら損害賠償を支払うかもしれない」といった可能性が見えない段階では、負債とはならないのです。

また、支払うことは確実でも、いくらになるのか条件によって異なるため、とりあえず、見積額で計上されているような負債もあります。このような見積額を総称して引当金といいます。

そのため、実質的な負債の額が貸借対照表の額とかけ離れる可能性があるのです。

ただ、資産同様、負債の実質的な額を調べることも困難ですので、まずは特徴を知ることが大切です。

ところが、負債の中に実質的な額とのかい離を簡単に調べられる可能性のある項目が一つあります。それが、「退職給付引当金」。実質的な額とのかい離というより、本来であれば貸借対照表に計上されるべき見積り金額と、実際に貸借対照表に計上されている金額のかい離がわかるのです。

退職給付引当金とは、企業が従業員に対して、今後どれだけの退職金を支払う可能性があるか、を示しています。

ざっくりと説明すると、従業員に今後支払うことになる退職金の総額を見積り、そこから、年金資産として外部に積み立ててある金額を差し引いた額になります。これが、今後企業が支払わなければならない退職金の額で、「退職給付引当金」として貸借対照表の負債の部に計上されるのです（今後、支払う予定のお金なので「負債」になります）。

従業員に今後支払うことになる退職金の総額を「退職給付債務」といい、厳密には見積り時点で発生している額に限るとか、現在価値に割り引くとか、非常にテクニカルな話があるのですけれど、それだけで一冊の本が書けるくらいなのでここでは省略します。

そして、退職給付債務は、毎年、「見積り」を見直し、見積りが変われば貸借対照表に反映します。

退職給付債務は、平均的な死亡率、利回りなど、さまざまな係数を用いて従業員一人一人について計算した退職金の見積額を合計したもの。死亡率や利回りなどの係数は医療技術や経済情勢によって変わりますので、見積額も大きく変わる可能性があります。

そうなると、退職給付債務の額は、当初の見積りよりも大きくなったり小さくなったりします。平均寿命が延びれば終身年金として支払うべき額は増えるでしょうから、制度そのものを見直さない限り、当初の見積りよりも増えるケースが多いと考えられるでしょう。

そうして増えた（減った）場合、増えた（減った）分は、最終的には退職給付引当金として貸借対照表に反映されますが、制度上、数年にわたり徐々に反映させることが許されているのです。

つまり、貸借対照表に計上されている退職給付引当金は、本当はもっともっと多額（少額）である可能性があるということ！　そこに疑う余地があるのです。

実質的な債務超過

実際、JAL の退職給付引当金は、貸借対照表で見ると 949 億円[35]。でも、決算短信の後ろの方にある「注記」と呼ばれる注意書きを読むと、これから引当金となるはずの金額が 3,314 億円もある[36] というではありませんか！

そうだとすれば、資産 1 兆 7,506 億円、負債 1 兆

35)
次ページの貸借対照表の囲みをチェック！

36)
P80 の注記を参照。

5,539億円、となっていても、実質的な負債はこれから引当金となるはずの金額を合わせた1兆8,853億円を超える可能性が高いというわけ。そうなると、負債が資産を超えてしまうのです！

JALの貸借対照表（負債の部）

負債及び純資産の部

科目	前期（平成20年3月31日）	当期（平成21年3月31日）	増減（△印減）
	金額	金額	金額
	百万円	百万円	百万円
負債の部			
Ⅰ 流動負債			
営業未払金	264,914	190,045	△ 74,868
短期借入金	3,084	2,911	△ 172
1年内償還社債	28,000	52,000	24,000
1年内返済長期借入金	130,335	128,426	△ 1,908
未払法人税等	4,454	1,521	△ 2,932
繰延税金負債	15,016	33	△ 14,983
賞与引当金	4,526	-	△ 4,526
独禁法関連引当金	2,003	1,964	△ 39
デリバティブ債務	-	126,259	126,259
その他	208,894	146,734	△ 62,159
小計	661,229	649,897	△ 11,331
Ⅱ 固定負債			
社債	102,229	50,229	△ 52,000
長期借入金	651,416	567,963	△ 83,453
繰延税金負債	17,192	6,534	△ 10,657
退職給付引当金	95,485	94,911	△ 573
独禁法関連引当金	15,210	5,083	△ 10,127
その他	108,950	179,288	70,337
小計	990,483	904,010	△ 86,473
負債合計	1,651,713	1,553,907	△ 97,805
純資産の部			
Ⅰ 株主資本			
資本金	251,000	251,000	-
資本剰余金	155,836	155,806	△ 30
利益剰余金	41,320	△ 21,874	△ 63,194
自己株式	△ 890	△ 917	△ 26
小計	447,266	384,014	△ 63,252
Ⅱ 評価・換算差額等			
その他有価証券評価差額金	2,578	△ 1,440	△ 4,018
繰延ヘッジ損益	8,167	△ 201,816	△ 209,983
為替換算調整勘定	△ 4,077	△ 6,101	△ 2,024
小計	6,668	△ 209,358	△ 216,026
Ⅲ 少数株主持分	17,136	22,115	4,979
純資産合計	471,070	196,771	△ 274,299
負債及び純資産合計	2,122,784	1,750,679	△ 372,104

退職給付債務に関する注記

2. 退職給付債務に関する事項

（単位：百万円）

	前　期 （平成20年3月31日）	当　期 （平成21年3月31日）
退職給付債務	△ 844,232	△ 800,971
年金資産	479,214	408,398
退職給付引当金	95,485	94,911
前払年金費用	△ 54,205	△ 33,814
差引	△ 323,737	△ 331,476
（差引内訳）		
会計基準変更時差異の未処理額	△ 97,534	△ 75,600
未認識数理計算上の差異	△ 225,654	△ 256,111
未認識過去勤務債務	△ 547	235
	△ 323,737	△ 331,476

前述した通り、この「資産＜負債」の状態にあることを「債務超過」といいます。実質的な資産価値が貸借対照表の資産の額を上回ったりしない限り、JAL は実質的に債務超過である、といえるのです。[37]

37）
再建前のカネボウの化粧品部門も、同じように「実質債務超過」だったそうです。一応、会社側の発表では、自己資本比率は４％程度と記載されていたようですが。

こうした目に見えない負債を、「隠れ債務」といったりすることもあります。いわば企業の内臓脂肪といったところでしょう。企業の健康状態に影響を及ぼすので、注意しなければなりません。

体脂肪や内臓脂肪は、表面的には見えません。でも、BMI の数値なら、簡単に計算できます。そしてそこから、隠れ肥満を見つけられる可能性もあります。

企業の隠れ債務も、表面的には見えません。でも、BMI のように簡単にわかる「自己資本比率」の数値を入口にして、何かがわかる可能性もあります。具体的には自己資本比率が 20％を切っていたら精密検査をお勧めしますよ。

決算短信速習コーナー③
資産と負債のバランスと「貸借対照表」

会社の資産力は、
まず決算短信の表紙の真ん中を見る

とある個人が「お金持ち」であるかどうかを考えるとき、その人がお給料をたくさんもらっている人なのか、あるいは貯金（財産）をたくさん持っている人なのか、なんて気にすることは少ないですよね。でも、一口に「お金持ち」といっても、年収が高いけれど貯蓄のない人もいるでしょうし、貯蓄はあるけれど年収はそれほど高くないような人もいるでしょう。

企業も同じです。企業がお金持ちであるかどうかは、利益の観点と資産の観点から考えることができます。そして、いくらビジネスで利益をあげていても、どれだけ財産があるか確かめてみなければ、しっかりした土台のある企業であると判断することはできません。また、単に資産があるかどうかだけではなく、その資産の内容についても、優良な土地や不動産などをもっているかどうかで、財政面での安定度合いが変わってくるものなのです。

一方で、速習コーナー①（P34）で総資産経常利益率（ROA）について説明した通り、効率よく資産を使って利益を出していなければ資産をムダに持っているだけですし、なかには資産を必要としないビジネスもありますので、資産があればＯＫというわけでもありません。

いずれにしても、資産の存在が倒産リスクを低くすることは確かですから、それを確かめることは大切。決算短信の表紙からは、企業がどれだけ資産を持っているかということがわかります。それと同時に、借金が多いのか少ないのかも見えてきます。

では実際にどれだけ資産を持っているのかを確認してみましょう。

①の部分に注目!

	1株当たり当期純利益	潜在株式調整後1株当たり当期純利益	自己資本当期純利益率	総資産経常利益率	売上高営業利益率
	円 銭	円 銭	%	%	%
21年3月期	△25.47	—	△20.1	△4.2	△2.6
20年3月期	6.20	6.03	4.4	3.3	4.0

（参考）持分法投資損益　21年3月期　1,630百万円　20年3月期　2,176百万円

①

(2) 連結財政状態

	総資産	純資産	自己資本比率	1株当たり純資産
	百万円	百万円	%	円 銭
21年3月期	1,750,679	196,771	10.0	5.44
20年3月期	2,122,784	471,070	21.4	110.08

（参考）自己資本　21年3月期　174,656百万円　20年3月期　453,934百万円

(3) 連結キャッシュ・フローの状況

	営業活動によるキャッシュ・フロー	投資活動によるキャッシュ・フロー	財務活動によるキャッシュ・フロー	現金及び現金同等物期末残高
	百万円	百万円	百万円	百万円
21年3月期	31,755	△105,653	△116,767	161,751
20年3月期	157,331	△26,229	36,896	354,037

上は、P 72に掲載したJALの決算短信の表紙から一部を切り取ったものです。①の部分に注目してください。まず「総資産」と「純資産」がありますね。「総資産」は、文字通り企業の資産全体を示しています。これには、借金して作った工場や店舗などの資産も含まれています。

そして、この総資産から借金などの負債の額を差し引いたものが「純資産」になります（総資産－負債＝純資産）。純資産とは総資産のうち、借金でない資金で手に入れた総額を表したもので、自己資本（株主から調達した資金と過去から蓄積されてきた利益）を含む返済不要の額であるといえます。

見方は理論的にはとてもシンプルで、資産が多いほど安定した経営ができると考えて差支えありません。ただ、借金はいずれ返済しなければいけないので、純資産にも注目する必要があります。

総資産と純資産の大きさがわかったら、隣に視線を移してみてください。

実は①の中で最も重視したいのがこの「自己資本比率」です。

自己資本比率とは、総資産に対する純資産の割合になります。厳密には、純資産から少数株主持分を除いて計算しますが、細かいことを気にする必要はありません。

純資産のほとんどは自己資本と呼ばれる返済する必要のないお金ですから、自己資本比率が高ければ高いほど、返済に迫られることなく経営を続けること

ができるというわけ。そのため、この指標は、企業経営の安定性を測る大切な目安になっています。

自己資本比率は業種に関係なく、高いほど安定した企業と判断できます。上場企業全体で見ると、自己資本比率の平均は40%程度。また、80%以上ある企業は、無借金経営である可能性が高いです。

一般的に、自己資本比率40%を超える企業は倒産の危険が低いと判断できますが、逆に20%を切っている企業は要注意です。ただし、銀行などの金融機関は別。預金者から預かった資金は負債として扱われるため、金融機関の自己資本比率は極端に低くなる傾向があるのです。

自己資本比率が20%から40%という場合には、判断が微妙になりますが、安全性から見ると、やはりもう少し自己資本を厚くしたいところです。

自己資本比率が低いということは、それだけ借金がたくさんあるということ。企業が倒産する原因の多くは、資金繰りにあり、借金が企業の資金繰りに大きな影響を与えることは間違いありません。借金をすることは悪いことではありませんが、それが多くの企業を倒産へと導いた事実からは目を逸らしてはいけないでしょう。

自己資本比率は、とてもわかりやすい指標です。目安となる数値に当てはめて良し悪しをかんたんに判断できますので、必ずチェックしてください。

業種別の自己資本比率（平均）

業種	自己資本比率
全産業	34.54%
製造業	38.52%
非製造業	29.68%
銀行業	3.40%
証券、商品先物取引業	7.92%
保険業	7.57%
その他金融業	9.95%

※東証上場企業。東証ホームページより。

もっと詳しく内訳を見るときは貸借対照表を見る

決算短信の表紙の総資産と純資産の数字は、貸借対照表から抜粋したもの。詳しい情報は、貸借対照表にあります。決算短信を何枚かめくってみれば出てくるはずです。

貸借対照表は「資産の部」と「負債の部」、「純資産の部」に分かれ、それぞれの内訳が書いてありますが、ざっと目を通して内容を見ておくといいでしょう。

まず資産の部ですが、ここには企業の財産が記載されます。たとえば、会社の建物や備品、工場の土地建物や中の設備、出荷を待っている商品在庫などがそれにあたります。そのほか、株などの有価証券、現金も資産です。現金や預金といったお金そのものと、使用価値のある財産が資産となります。

企業が持つ資産は貸借対照表上、一定のルールに沿って区分けされます。右ページの貸借対照表で資産の部を見てみましょう。資産の部は「流動資産」「固定資産」「繰延資産」の大きく３ブロックに分かれているのがわかりますね。

一番上にくる流動資産は、主に１年以内に現金化できる資産を意味しています。次の固定資産は、長期にわたって利用するような換金を想定していない資産と、換金するのに１年超を要するものを意味しています。最後の繰延資産は、費用を繰り延べた資産になります。この繰延資産は、企業の中に財産や権利が残っているわけではなく、本質的には費用である支出に関して、その効果が長期にわたるため、特別に資産として記載することを許されたものを意味しています。開業のための費用である開業費や、社債券の印刷費用などの社債発行費等がこれにあたります。繰延資産とせず、一括で費用とすることもでき、

貸借対照表の資産の部

4．連結財務諸表

(1) 連結貸借対照表

資　産　の　部

	前期 （平成20年３月31日） 金　額	当期 （平成21年３月31日） 金　額	増　減 （△印減） 金　額
	百万円	百万円	百万円
Ⅰ　流　動　資　産			
現金及び預金	354,977	163,696	△ 191,281
受取手形及び営業未収入金	241,349	170,912	△ 70,436
有価証券	8,795	9,391	596
貯蔵品	90,985	81,857	△ 9,127
繰延税金資産	2,595	2,909	313
その他	115,187	60,952	△ 54,235
貸倒引当金	△ 3,575	△ 2,690	885
小　　計	810,315	487,029	△ 323,285
Ⅱ　固　定　資　産			
（有形固定資産）	（1,037,117）	（1,031,021）	（△ 6,095）
建物及び構築物	116,698	110,012	△ 6,685
機械装置及び運搬具	30,772	30,342	△ 429
航空機	721,967	723,590	1,622
土地	35,609	35,013	△ 596
建設仮勘定	113,247	116,510	3,262
その他	18,821	15,551	△ 3,269
（無形固定資産）	（82,838）	（79,548）	（△ 3,289）
ソフトウエア	81,876	78,630	△ 3,245
その他	961	917	△ 43
（投資その他の資産）	（190,579）	（152,010）	（△ 38,568）
投資有価証券	62,174	58,611	△ 3,562
長期貸付金	12,720	12,846	126
繰延税金資産	5,593	6,030	436
その他	112,728	77,017	△ 35,711
貸倒引当金	△ 2,638	△ 2,494	143
小　　計	1,310,534	1,262,580	△ 47,953
Ⅲ　繰　延　資　産			
株式交付費	1,933	1,068	△ 865
小　　計	1,933	1,068	△ 865
資　産　合　計	2,122,784	1,750,679	△ 372,104

近年は繰延資産とせず費用としてしまう企業が多くなっています。

ここまで３ブロックの区分けについて説明してきましたが、並ぶ順番にもルールがあります。もう気づいているかもしれませんが、資産の部の項目は上から下に向かって、流動性の高い（現金化しやすい）順に並んでいることも覚えておきましょう。

ところで、資産の部で注意したい点が一つあります。それは、土地や有価証券（時価がないもの）などの金額は購入したときの価格で表されていることです。たとえば、昔購入した土地が今は何倍、何十倍に値上がっていても、貸借対照表の金額は原則として購入したときの値段。「老舗企業は見た目以上に資産を持っている可能性がある」といわれますが、安い時代に買った含み益のある資産を持っている場合が多いからです。貸借対照表の資産額は少なくても、今の時価で換算すれば……と専門家たちは頭の中でざっと計算しているのです。

次に、負債の部に記載されるのは、将来、支払いの義務があるものです。たとえば、社債などの借金、立て替えてもらっているお金（買掛金）、各種引当金などです。

負債の部も、記載にはルールがあります。負債は「流動負債」と「固定負債」に分けられ、流動、固定の区分けは資産の部と同じ。流動負債は１年以内に返済しなければいけないもの、固定負債は返済期限が１年を超えるものになります。つまり、上から下に向かって、返済期限の早い順に並んでいるのです（貸借対照表の負債の部はP79に掲載されています）。

最後に純資産の部について説明しましょう。

純資産の部に記載されるのは、株主から集めたお金や、ビジネスをして蓄えたお金などです。

純資産というのは、「資産－負債＝純資産」という式の通り、資産から負債を引いて残ったものを指します。資産を現金化して負債を全部返してもまだ残るものの金額といえるでしょう。資産は、貸借対照表に記載された金額で換金できるとは限りませんからあくまで目安ですけれどね。

また、何らかの理由で企業を清算するときは、資産を全部処分して負債を返済し、残額を株主に分配します。株主に分配される残額を「残余財産」といいますが、純資産は残余財産がいくらになるかの目安であり、株主の持ち分であると考えられるわけです。

貸借対照表は、資産の部、負債の部、純資産の部で構成され、その構造は「資産＝負債＋純資産」が基本。つまり、先ほど説明したように、企業が持っている資産から負債を引いたものが純資産ですから、資産の総額と、負債と純資産を足した合計額がイコールになるのです。

しかし、経営が不調で借金を重ねていくと、そのバランスが崩れることがあります。たとえば下の図のように、負債と資産のバランスが崩れてしまったりするのです。このように、純資産がマイナスになった状態を債務超過といいます。

負債の多い企業は、経営が安定しているとはいえません。資産と負債のバランスを簡単に判断できる方法が自己資本比率を見る、ということなのです。

貸借対照表と債務超過

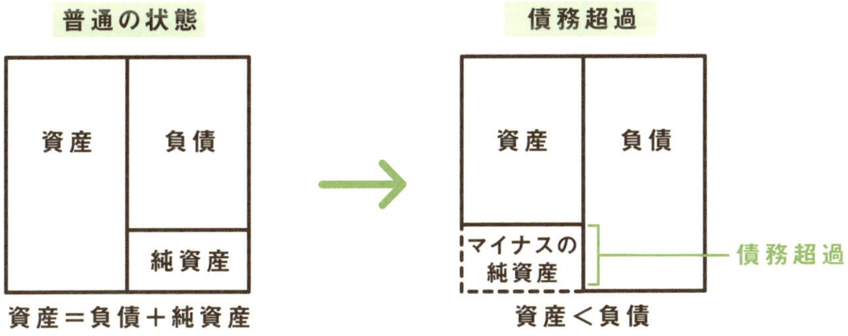

Coffee break♪

亮子先生の
会計エッセイ

「支出」と「消費」の“あいだ”に

冷蔵庫の奥底に消費期限切れの食材を見つけたとき、たんすの奥に何年も着ていない洋服を見つけたとき、本棚にまだ読んでいない（そしてたぶん今後も読まない）本が山積みになっているとき、「本当に無駄なことをしてしまった」と深く反省させられます。

それと同時に「トヨタのジャストインタイム方式は偉大だなあ」なんて思ったりしています。自分の生活も、ジャストインタイム方式にできないものかなあ、なんて考えてみたりもします。

ジャストインタイム方式とは、JIT 方式とかカンバン方式などとも呼ばれる、必要な資産を必要なときに必要な分だけ用意するという資材の調達方式であり生産方式のこと。売れる分だけ作るようにし、作る分だけ材料を仕入れるのです。そのため、いらない在庫を抱えたりすることもなく、在庫を保持するコストもかからなくなりますから、無駄を極力省くことができるというわけ。

日常生活に置き換えれば、どうしても必要な最低限の食材だけが冷蔵庫に入っていて、計画通りに使い切り、足りなくなればそれに応じて調達してくる、といったところでしょうか。コンビニエンスストアを冷蔵庫代わりに利用することで、家に食材を置かないようにするということも一種のジャストインタイム方式かもしれません。ただし、コンビニエンスストアに在庫がある以上、本来のジャストインタイム方式の目指すものとは少し異なるかもしれませんけれど。

多くの人がお金を支払うときには「必要かどうか」「他と比べてリーズナブルか」など、いろいろなことを考えるでしょう。一方で、買った後のことは購入時と比較するといい加減だったりすることがあるように思います。消費しないまま食材をダメにしてしまったり、ほとんど着ないままたんすの肥やしになっている服があったり。でも、それでは購入時の努力が水の泡となりかねません。

たとえば、とあるフルーツの値段を考えてみます。3個300円で購入したとすると、1個いくらだといえるでしょうか。

これがもし小学校の算数の問題だったら答えは簡単です。

「300円÷3個」で、1個100円となりますよね。

でも、ちょっと待って。本当にそれでいいのでしょうか。

もしも、食べるのが遅かったために1個が傷んでしまったとしたら？消費したのは2個となり、2個で300円だったと考えることもできますよね。

つまり、「1個いくらか」「どちらがリーズナブルか」という購入時点での計算は、あくまでもすべて消費するという前提があって成り立つ話。ちゃんと消費しなければ、結果はまったく違うものになりかねないのです。極端な話、「安く買うこと」より「ちゃんと使い切ること」の方がお金の使い方として大切なことだといえるかもしれないのです。

そう考えると支出の先に消費があるという視点は、かなり重要なポイントといえそうです。実は、会計の世界では、この、「支出」と「消費」を区別して記録しておく決まりになっていたりするのです。

支出して購入したけれど、まだ消費していない、支出と消費の“あいだ”を「資産」という名前で分類し、決算書の一つである貸借対照表に集計します。倉庫の在庫も、工場で製造途中になっている製品も、資産として把握され集計されるのです。

これにより、「無駄な資産がないかどうか」「無駄な資産がないことの大切さ」がデータとして把握できるのです。

安く買ったつもりでも、いい買い物をしたつもりでも、ちゃんと使い切るかどうかで、実質的な値段は変わってくるかもしれません。「使いきる」ということはエコロジーでもありエコノミーでもあるということ。

わかっていながら無駄を繰り返してしまう自分にまた落ち込んでしまいそうですが……。

chapter

04

貸借対照表で「負債」の中身をチェック！

chapter-04

任天堂の貸借対照表から経営姿勢を読む

この章のポイント

会社を知るには、業績を見ることと、財務状況を見ること、その両方が大切という話をしました。もちろん、利益を伸ばしていて利益率もよく、資産がたくさんあって負債が少ない……そんな会社がベストです。でもそんな会社、あるのでしょうか？　この章では、任天堂の決算短信を見ていきます。

亮子先生の決算短信妄想術

優良企業を探してみよう～任天堂ってやっぱりすごい～

お金持ちを会計する！

「お金持ちになりたいなあ」なんて、誰でも一度くらい思ったことがあるのではないでしょうか。「玉の輿に乗る」なんて言葉もありますしね。

でも、具体的にお金持ちってどういう人なのでしょう？　実は「お金持ち」を定義するのは意外と難しいのです。

年収の高い人もお金持ちといえるかもしれませんけれど、本人の年収は低くても代々続く資産家の人だってお金持ちといえるかもしれません。

逆に、年収がどんなに高くても、それ以上に多額の借金の返済に追われていれば、お金持ちとはいえないかもしれません。お城に住んでいても、固定資産税の納付に追われて大変かもしれません。

あえて会計的に整理すると、お金持ちは大きく２種類に分けることができます。損益計算書やキャッシュ・フロー計算書の観点から見たお金持ちである収益タイプと、貸借対照表の観点から見たお金持ちである資産タイプです。

収益タイプは、高給取りのサラリーマンなど、売上（年収）が高く、それに見合ったコストで経営（生活）していて利益（可処分所得）が大きいタイプです。日々使えるお金はありますが、いざというときにまとまったお金がなく、売上（仕事）がなくなったらそこで終わりという可能性があります。

資産タイプは、その土地の名士など、価値のある資産（財産）を持っていて、純資産が多い（つまり借金が少ない）タイプです。いざというときには、蔵から財産が出てきたり、価値のある財産を売却してまとまったお金を得られますが、日々使えるお金はあまりなく質素な生

お金持ちを会計的に整理すると……

収益タイプのお金持ち　　資産タイプのお金持ち

活をしていたりする可能性があります。

もちろん、日々使えるお金も潤沢でいざというときの財産も十分にあるというお金持ちもいるでしょうけれどね！

優良企業を探してみよう

このお金持ちに関する視点、そっくりそのまま企業に当てはめることができます。つまり、企業にも、収益タイプの優良企業と資産タイプの優良企業があると考えることができるのです。もちろん、何をもって優良企業とするかは他にもいろいろな観点があるでしょうけれど。

収益タイプと資産タイプ、具体的にどんな企業があるのか気になったら、インターネットで検索してみましょう！

収益タイプなら「高収益企業」と検索してみれば、いくつかの企業がヒットします。資産タイプは、どういうキーワードで検索すべきかが難しいのですが、「土地持ち企業」「無借金企業」で検索してみると、それらしい企業がヒットしますよ。

そうそう、優良な財産を持っている企業を探してみようと「金持ち企業」「株持ち企業」などでも検索してみましたが、うまくヒットしないようでした。検索エンジンにもよるのでしょうけれど。いずれにしてもこういったキーワードは会計用語をアレンジすると作れる可能性があります。

単に資産の額が大きい企業であれば、「ユーレット」[38]というサイトから探すこともできますが、大切なのは

38）ユーレット（Ulet）
http://www.ulet.com/

「価値ある資産」「換金できる資産」を持っていること。貸借対照表の資産の額が大きいだけで判断するのは危険です。それよりも、お金や価値ある不動産を持っていると、いざという時に役立つのです。しかも不動産は、貸借対照表には原則として購入価格を基にした金額で計上されていますから、決算書の情報だけでは価値の有無を見抜けない可能性もあります。

ちなみに、資金繰りの悪化を土地の売却によってしのいだ企業はいくつもあります。昔から持っていた土地が、急に人気のエリアとなり値段が上がったので売却して資金を得たという企業もあります。土地売却の発表により株価も上がったりするようですよ。たとえ売却しなくても担保価値がありますしね。

バブルが崩壊して不動産神話が崩れたとはいえ、土地持ちはやっぱり強いのです。

なお資産タイプを考える時には、無借金企業というのも非常に重要なキーワードになります。どれだけ資産を持っていようとも、それ以上に借金があれば、意味がありませんからね。

任天堂の実力

なんと「高収益企業」でも「無借金企業」でもヒットした企業があります。それは、任天堂。そこで任天堂の決算短信を見てみることにしました。

まずは経営成績を見て驚きました。20年3月期、21年3月期ともに、売上も利益も伸びている「増収増益」[39]であることはもちろん、目を疑うような伸び率なので

39）
P97の決算短信をチェック！

す。20年３月期の営業利益が前年より115.6％増、つまり、利益が倍以上になったというのです。21年３月期は、そこからさらに14％増加[40]しています。

売上や利益が大幅に増加したような場合には、その原因を探ることが大切です。単純に「すごい」と感心するだけでは、大切な情報を見落としてしまいかねません。売上や利益が10％以上伸びていたら、その理由を探ってみるといいでしょう。

その裏には、いろいろな理由があり得ます。たとえば、市場の拡大や企業努力によるシェアの拡大。たとえば、リストラによる大幅なコストカット。たとえば、Ｍ＆Ａ[41]による売上金額の拡大。たとえば、為替の影響による売上金額の増加。たとえば、粉飾決算……。

もしもリストラによって利益が伸びたのなら、翌年には企業規模が縮小していくかもしれません。Ｍ＆Ａによる売上増加であれば、単に集計する企業の範囲が広くなっただけで、新たな価値を生み出したわけではないかもしれません。為替の影響によるものであれば、逆に売上などが減少するリスクもはらんでいるということになります。

実際、売上数字や利益の数字を伸ばしたいとき、Ｍ＆Ａは手っ取り早い方法だったりします。もしも安易なＭ＆Ａであれば、増収増益で望ましいどころか、地に足のついていない危険な企業という判断になることさえあるでしょう。

任天堂の売上の伸びは、決算短信を読み進めていくと記載されています。どんな商品が売れたのか、どんな地域に売れているのか、「経営成績に関する分析」がなさ

40）
右ページの囲み①参照。

41）M&A
合併や買収のこと。

任天堂の決算短信の表紙

(財)財務会計基準機構会員

平成21年3月期 決算短信

平成21年5月7日
上場取引所　東 大

上場会社名　任天堂株式会社
コード番号　7974　URL　http://www.nintendo.co.jp
代表者　（役職名）取締役社長　（氏名）岩田 聡
問合せ先責任者　（役職名）専務取締役　経営統括本部長　（氏名）森 仁洋　TEL (075) 662-9600
定時株主総会開催予定日　平成21年6月26日　配当支払開始予定日　平成21年6月29日
有価証券報告書提出予定日　平成21年6月29日

（百万円未満切捨て）

1. 21年3月期の連結業績（平成20年4月1日～平成21年3月31日）

(1) 連結経営成績　（%表示は対前期増減率）

①

	売上高		営業利益		経常利益		当期純利益	
	百万円	%	百万円	%	百万円	%	百万円	%
21年3月期	1,838,622	9.9	555,263	14.0	448,695	1.8	279,089	8.5
20年3月期	1,672,423	73.0	487,220	115.6	440,807	52.6	257,342	47.7

	1株当たり当期純利益	潜在株式調整後1株当たり当期純利益	自己資本当期純利益率	総資産経常利益率	売上高営業利益率
	円 銭	円 銭	%	%	%
21年3月期	2,182.32	—	22.5	24.8	30.2
20年3月期	2,012.13	—	22.1	26.1	29.1

（参考）持分法投資損益　21年3月期 164百万円　20年3月期 1,334百万円

②

(2) 連結財政状態

	総資産	純資産	自己資本比率	1株当たり純資産
	百万円	百万円	%	円 銭
21年3月期	1,810,767	1,253,931	69.2	9,804.97
20年3月期	1,802,490	1,229,973	68.2	9,616.69

（参考）自己資本　21年3月期 1,253,905百万円　20年3月期 1,229,874百万円

(3) 連結キャッシュ・フローの状況

	営業活動によるキャッシュ・フロー	投資活動によるキャッシュ・フロー	財務活動によるキャッシュ・フロー	現金及び現金同等物期末残高
	百万円	百万円	百万円	百万円
21年3月期	287,800	△174,363	△227,654	894,129
20年3月期	332,378	233,206	△97,844	1,103,542

2. 配当の状況

	1株当たり配当金					配当金総額（年間）	配当性向（連結）	純資産配当率（連結）
（基準日）	第1四半期末	第2四半期末	第3四半期末	期末	年間			
	円 銭	円 銭	円 銭	円 銭	円 銭	百万円	%	%
20年3月期	—	140.00	—	1,120.00	1,260.00	161,141	62.6	13.8
21年3月期	—	660.00	—	780.00	1,440.00	184,154	66.0	14.8
22年3月期（予想）	—	430.00	—	840.00	1,270.00		54.1	

3. 22年3月期の連結業績予想（平成21年4月1日～平成22年3月31日）

（%表示は通期は対前期、第2四半期連結累計期間は対前年同四半期増減率）

	売上高		営業利益		経常利益		当期純利益		1株当たり当期純利益
	百万円	%	百万円	%	百万円	%	百万円	%	円 銭
第2四半期連結累計期間	700,000	△16.4	165,000	△34.6	170,000	△28.4	100,000	△31.0	781.95
通期	1,800,000	△2.1	490,000	△11.8	500,000	11.4	300,000	7.5	2,345.86

※上記の予想の前提条件その他の関連する事項については、本資料の4ページをご覧ください。

れているのです。

任天堂の好業績は近年のあのヒット商品を思い浮かべれば、わざわざ文章を読まなくても納得できますけれど

ね。売上の増加の裏には何かがある、ということを意識しておくといいですよ。

無借金は良いこと？悪いこと？

一方で任天堂は「無借金企業」ということでもヒットしましたが、実際に借金がないかどうかは決算短信の表紙だけではわかりません。

一般的に、無借金企業とは「有利子負債」がないことを意味しています[42]。有利子負債とは、利息の支払いが必要になるような借金のことです。貸借対照表では、「借入金」「社債」が有利子負債の代表です。

ですから、無借金企業といっても、負債がゼロとは限らず、自己資本比率が100％となるわけではありません。実際、任天堂の自己資本比率は69.2％ですから、負債がゼロ、というわけではないことがわかります。

具体的には、決算短信の表紙を見てみると資産1兆8,107億円、純資産1兆2,539億円[43]とありますから、5,568億円の負債があるのです。

そこで、本当に無借金であるかどうかを貸借対照表で確認してみると、確かに「借入金」や「社債」は見つかりませんでした。なるほど、借金の返済に追われることのない無借金企業であることが確認できました。価値のある資産を有しているかどうかはわかりませんが、少なくとも、稼いだり蓄えたりしたお金がいつのまにか借金の返済に消えてしまう、ということはないでしょう。

42)
負債は、利子の支払いの有無によって、有利子負債と無利子負債とに分けられます。
一般に、銀行などからの借り入れは有利子負債。取引先企業にまだ払っていない商品代金などが無利子負債。

43)
P97の囲み②を参照。

ところで、負債は有利子負債に限らず、企業の支払い義務のある金額なのに、有利子負債だけを取り出して無借金であるとかないとかが議論になることには理由があります。

有利子負債以外の負債は、通常、ビジネスに関連して発生します。仕入代金や従業員への退職金の支払い見込みなど、売上があったり従業員を雇ったりしているために発生するものです。ですから、有利子以外の負債は、極端な話、ビジネスをやめて商品を仕入れず、従業員を解雇すればほとんど発生しない可能性があります(もちろん、既に発生した負債の支払義務が消えるわけではありませんけれど)。

一方で有利子負債は、一度借り入れると、その後、従業員を解雇しようとも、商品の仕入れをやめようとも、返済するまでは支払義務が消えることがないのです。

業績が落ち込んだとき、ビジネスの規模が小さくなれば、その他の債務もある程度小さくなるのに対して、借りてしまった有利子負債は業績と関係なく支払義務がついてまわるのです。その上利息が発生します。ですから、有利子負債の有無は、非常に大きな意味を持つのです。

ただし、無借金であることは、ビジネスにおいては必ずしも評価されることではありません。

確かに無借金であれば稼いだお金を返済にまわす必要もなければ、資産を換金した際にそれが返済に充てられてしまうこともありません。そのため、安定的な企業経営をすることが可能になります。

一方で、目の前にビジネスチャンスがあるのに、借金を躊躇したためにそれを逃してしまったら、企業としてはあまり望ましいことではありません。借入により、スピーディでタイムリーな取引をして儲けることができれば、企業として正しい判断といえるのです[44]。

44) 会社のサイクル
投資→売上→利益が出る→投資→売上→…
さらなる売上アップのために借金してでも投資をする必要も！

ですから、無借金は一面では優良といえますが、保守的でスピーディな取引を逃しているかもしれない、という一面もあるということ。

任天堂の場合は、単に資金に困っていない、ということなのでしょうけれどね。

資産の中身に注目する

資金に困っていないのだろうな、ということは、貸借対照表を見ると想像できます。

21年3月期の任天堂の資産は約1兆8,000億円。その9割以上が流動資産です[45]。流動資産[46]とは、ざっくりと言えば現預金ならびに1年以内に換金可能な財産のこと。つまり、1兆円を超す資金をすぐに用意できるような状況にあるということです。

45)
右ページの貸借対照表の囲みの部分参照。

46)
資産は、1年以内に現金化できる流動資産と、そうでない固定資産とに分けられます。流動資産は、現金、商品など。固定資産は土地、建物など。

しかも、現預金が約7,500億円、有価証券が約4,600億円。流動資産に計上される有価証券は、トレーディング目的で所有している市場で売買が可能な株や債券、MMFや譲渡性預金などですから、価格の変動はありますけれど、すぐに換金可能な資産です。

ちなみに、この有価証券は、貸借対照表作成時点での時価で計上されていますので、決算後に大幅な市場の変

任天堂の貸借対照表

任天堂㈱ (7974) 平成21年3月期決算短信

4. 連結財務諸表

(1)連結貸借対照表

(単位:百万円)

	前連結会計年度 (平成20年3月31日)	当連結会計年度 (平成21年3月31日)
資産の部		
流動資産		
現金及び預金	899,251	756,201
受取手形及び売掛金	147,787	139,174
有価証券	353,070	463,947
製品	92,617	132,133
仕掛品	200	439
原材料及び貯蔵品	12,023	12,180
繰延税金資産	38,032	44,154
その他	106,028	104,519
貸倒引当金	△ 2,176	△ 4,025
流動資産合計	1,646,834	1,648,725
固定資産		
有形固定資産		
建物及び構築物	16,784	16,877
機械装置及び運搬具	1,734	2,195
工具器具備品	6,072	5,763
土地	30,267	42,841
建設仮勘定	292	3,386
有形固定資産合計	55,150	71,064
無形固定資産		
ソフトウェア他	2,009	2,169
無形固定資産合計	2,009	2,169
投資その他の資産		
投資有価証券	73,756	54,726
繰延税金資産	23,541	29,565
その他	1,196	4,530
貸倒引当金	△ 0	△ 14
投資その他の資産合計	98,495	88,807
固定資産合計	155,655	162,042
資産合計	1,802,490	1,810,767

動があったような場合には、注意が必要です。

資産の中身といえば、固定資産からも、企業の姿勢が垣間見られるときがあります。固定資産とは、土地や建物、機械や備品など、売り買いのために持つわけではなく1年以上にわたり利用する資産のこと。このうち、建物や機械、備品など、使っていくうちに古くなり価値が損なわれていくものは、減価償却[47]という処理がなされます。ただし、土地については、減価償却しません。土地は、半永久的に使用可能な資産であり、使用によって価値が下がるような性質を持っていないからです。

47）減価償却
詳しくは、P123～とP131～。

これらの固定資産は、購入価格から年月が過ぎたことによって劣化した分の金額を差し引いた額で貸借対照表に計上されます。経年変化による劣化の総額を「減価償却累計額[48]」といいます。もちろん、どれだけ劣化したのか具体的な金額は明確にはわかりませんから、計算上の処理なのですけれどね。

48）減価償却累計額
今まで減価償却した合計額のこと。

そうなると、社歴が長くなればなるほど、固定資産の金額は小さくなっていくことになります。そして、新しい固定資産を購入したような場合には、また大きくなります。

任天堂の計上額は建物約168億円、機械装置約21億円、備品は57億円となっていますが、経年変化によるマイナス分は、貸借対照表に関する注記[49]にあるとおり、減価償却累計483億円。つまりもともとは、総額729億円で固定資産を購入し、使用して年数が経ったことで償却が進んでいるといえるのです。

49）
次ページ参照。

具体的にどのくらいなら進んでいるのか、ということは何とも言えないのですが、購入価格の半分以上償却がなされていたら、無理に新しい固定資産を購入することなく、設備などを大切に使っているという印象を受けます。統計を取ったわけでもありませんし、明確な根拠はないのですけれどね。

そして、償却が進んでいる企業は、無理な設備投資をしていない企業であると考えられ、そこから堅実な経営姿勢が見えるのです。

少し業績が良い時に、設備投資や不動産や株にお金を費やして失敗して倒産する、というのは個人でも企業でもよくある話ですからね。

貸借対照表に関する注記

(7)連結財務諸表に関する注記事項

a　連結貸借対照表、連結損益計算書、連結株主資本等変動計算書、連結キャッシュ・フロー計算書に関する注記事項等

(連結貸借対照表関係)

	前連結会計年度 (平成20年3月31日現在)	**当連結会計年度 (平成21年3月31日現在)**
有形固定資産減価償却累計額	46,929 百万円	48,394 百万円

要所要所でヒット商品を生み出し、利益をしっかりとプールし、無借金で堅実な経営をしている任天堂。決算書からはそんな印象を受けたのでした。

決算短信速習コーナー④
「純資産」ってこういうこと！

株式会社の基本を会計する！

本書で取り上げているような企業は、株主からお金を集めて経営している「株式会社」です。

株式会社とは、会計的に説明すれば、株主から出資を受け、金融機関からの融資と合わせて、それらを元手としてビジネスをしている企業です。

たとえば、株主から40億円の出資を受け、かつ金融機関から60億円の融資を受けた企業を考えてみましょう。金融機関からの借入利率は年利５％とします。

このとき、企業は、出資の40億円と融資の60億円、合わせて100億円を持っていることになりますね。

それを貸借対照表で、このように表現します。

スタート時の貸借対照表

資産 ＝負債＋純資産 ＝100億円	**負債** ＝融資60億円
	純資産 ＝出資40億円

そして、70億円で商品を仕入れて、100億円で販売し、その代金が企業の預金口座に振り込まれたとします。

さらに、その他の経費５億円と、借入の利息３億円（60億円×５％）を支払うと、

	売上	100億円
−	売上原価	70億円
＝	売上総利益	30億円

	売上総利益	30億円
−	販売費及び一般管理費	5億円
＝	営業利益	25億円

	営業利益	25億円
−	営業外費用	3億円
＝	経常利益	22億円

と損益計算書で計算されることになります。

ここでは、特別損益と法人税等は無視しますが、企業はこのように貸借対照表にある資産を使って利益を得ることになるのです。

そして、これらの取引が終わったところで、貸借対照表は以下のようになります。

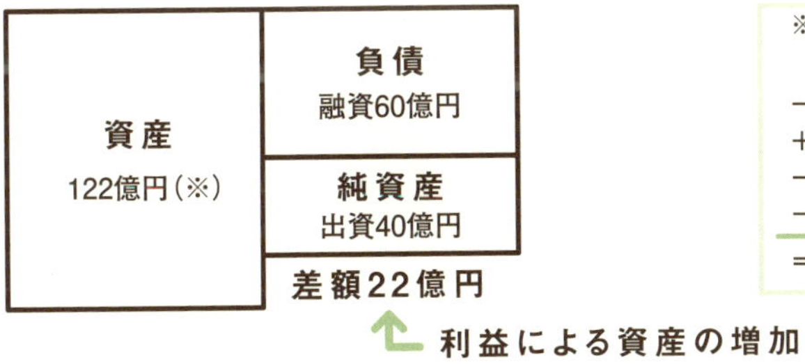

※

もともとのお金	100億円
−商品の仕入れ	70億円
＋商品の売上代金	100億円
−経費	5億円
−利息の支払い	3億円
＝お金（資産）の残高	122億円

このように、利益の分だけ左右が釣り合わない状況になるのです。

それでは、この22億円はどうなるのかといえば、これは、株主に配当金として分配することもできますし、企業が次のビジネスのための元手としてプールしておくこともできます。

元手としてプールしておくことにしたものを「内部留保」といい、その場合、貸借対照表は以下のようになります。

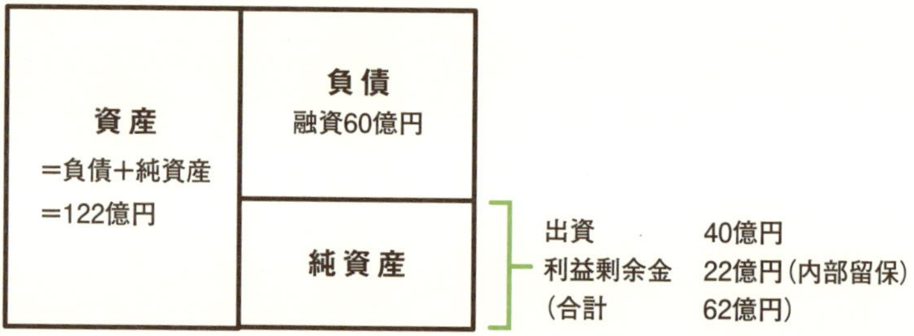

仮に企業を清算する場合は、資産122億円から負債の60億円を返済した残りの62億円が株主に分配されます。企業を清算するときは、内部留保も上乗せされた純資産分を「残余財産」として株主に分配するのです。

すなわち、純資産とは、資産と負債との差額であり、言い換えれば、株主からの出資と内部留保の合計額でもあります。そして、最終的に株主に分配される額を意味しているというわけです。

ただし、実際の資産は、貸借対照表に記載された金額だけの売却価値があるとは限りませんから、純資産は、あくまでも、株主に分配される目安の額になります。

融資と出資

これまで見てきた通り、最終的な利益は、配当されるなり、内部留保され残余財産として分配されるなどして、株主の利益となります。

融資に対しては、企業は業績にかかわらず契約に基づく額（上記の例では利息３億円）を支払いますが、出資に対しては業績が良ければ多くの利益を、悪ければ悪いなりの利益を株主に還元することになるというわけです。

また、融資については、60億円の元本の返済は契約通りに進めなくてはなりませんが、出資の40億円については、原則として払い戻しは求められません。株主はいったん出資をしたら、企業から返済してもらえることはないのです。

そのため、株主は、株を別の人に売却することで、代金を回収することになっています。その最たるものが、株式市場での株の売買というわけです。

企業の側から見れば、融資は返済しなくてはならない資金調達方法、出資は返済しなくてもいい調達方法。

出資による資金調達が多ければ多いほど、返済に迫られることなく、安定した企業経営ができるということになります。

企業の損失は株主のリスク

株主は、儲かったら儲かった分だけ利益を得ることができますが、損をした場合の損失も被ります。たとえば、最終的な利益がマイナス５億円、つまり５億円の損失だった場合、貸借対照表は、利益が出たときと同様の理屈で、

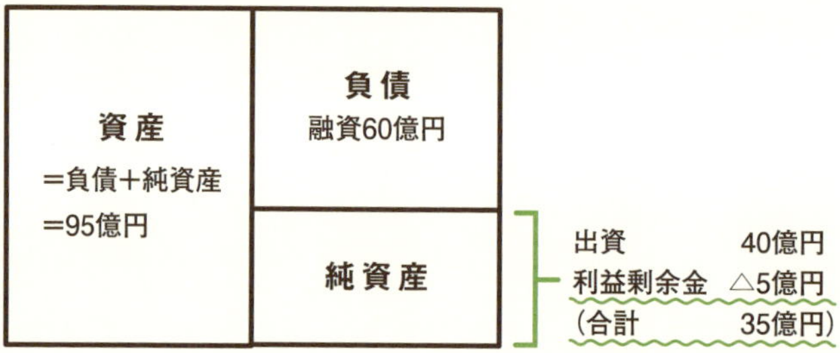

となるのです。

つまり損失は、純資産に影響し、最終的には株主が被ることになります。

なお、実際には、純資産の額だけ企業に現金や預金があるわけではありません。企業は、現金や預金、在庫、設備など、さまざまな形で資産を有していて、どれだけの現金や預金を持っているかは、その時々で変化します。負債や純資産は、資産全体に対して、金融機関と株主がどれだけお金を出しているのか、その割合を示したもので、負債や純資産に記載された額だけ何か具体的なモノが存在しているわけではありません。

Coffee break♪

亮子先生の
会計エッセイ

「買うべきか買わざるべきか」は答えのない命題？

「やっぱりさっき見た３万円のジャケットなら着回しもできるしいいかな」
「いや、１万円のにしたら同じ金額で３枚買えるし、１枚買って３分の１の出費で済ますこともできるよね」
「でも、この３万円のジャケットなら定番だし、長く使えるのでは？」
「そうはいっても、飽きることもあるし……」

自分の中の複数の「私」がこんな問答を際限なく繰り返し、デパートをウロウロした挙句、何も買わずに帰ることがよくあります。

どちらがより良い買い物なのか、どちらがリーズナブルなのか――。そんな答えのない迷路にはまりこみ、結局何も買えなくなってしまうのです。

単純に金額だけを比較すれば、高いとか安いとか、答えは簡単に出ますよね。１万円のジャケットと３万円のジャケットでは、１万円の方が安いに決まっています。

でももし、３万円のジャケットは丈夫で長持ちするのに対し、１万円のものはすぐに生地が傷んでしまうとしたら？

１年でダメになる１万円のジャケットよりも、５年間使える３万円のジャケットの方がリーズナブルといえるかもしれません。１年あたりの金額を計算すれば、そういう結論もあり得ます。

そういえば子供のころ、買物に行く度に

「この１万円のバッグとあの５万円のバッグ、どちらが安いと思う？」

と問いかけられたのを思い出します。こんなことを小学生の子供に真剣に聞くのですから、本当に変わった親だと思いませんか？

このような質問によって、長く利用できるものは「支出額」で考えるのではなく、１年あたりの金額で考える必要があるのでは、という示唆をしていたというわけです。

ちなみに、長く利用できるものについて１年あたりの金額を考えるというのは、会計の世界の「減価償却」という考え方。どちらが本当に「安い」といえるのかは、減価償却という発想を持たないとわからない、というわけです。

ところで、３万円のジャケットは５年使えるのに対し、１万円のジャケットは１年でダメになる、という条件を提示されても、どちらが良い買い物かはまだわかりません。それだけでは解決できないほど、問題は山積みなのです。

たとえば、「長く使える」ということと、「長く使う」ということとは実は別問題です。また、ジャケットであれば「使う期間」より「使う回数」の方が大切かもしれません。３万円のジャケットの出番が年に１回だとしたら、５年使っても５回しか使わない計算になります。１万円のジャケットを月に１回使ったら 12 回使うことになります。１回あたりで考えると……。どちらがリーズナブルだといえるかは計算するまでもありませんよね。

また、実際には１万円の支出となるか３万円の支出となるかという大きな違いがあります。お金の収支、これをカッコよく表現すると「キャッシュ・フロー」というのですが、その観点で見るとやはり１万円のジャケットの方が無理なく買えて安いのだともいえます。

さらに、気になってしまうのはお金の「時間価値」。会計や経済の世界では、預金には利息が付くから、今１万円を支払うことと１年後に１万円を支払うことの価値は違うと考えます。これをお金の「時間価値」と言います。ざっくりと言えば、３万円を一気に支払うことによって得られなくなる利息が「損」といえるかもしれない、ということです。「１万円で購入して２万円を預金しておいて利息を得る方が得策なのかどうなのか……」という考えが頭をよぎってしまうわけです。

未来のことなどわかりませんから、思い切って３万円使ってしまうという選択もあるし、未来のことなどわからないからこそ、１万円にしておくという選択もある。

まったくもって、考えれば考えるほど正解がないのです。

その上、一個人の消費では、「満足感」などという金額で測ることが困難な要素が決断を下すための重要なファクターになります。たとえたんすの肥やしになっても「持っているだけで満足」ということだってありますから問題はさらに複雑です。

そんなこんなで、結局どちらを購入すべきか決断できず、心身ともに疲れて帰路についたりする、というわけ。「こんな風に迷うということは、結局どちらも欲しくもないし、必要もないのだ！」と自分に強引に言い聞かせて。

最近はこういった会計的発想を、あえて封印するようにしています。いや、実際には計算はしてしまうのですけれど、それはそれ。大切なのは必要か必要でないか、欲しいか欲しくないか。「欲しいなら買う」でいいじゃない、と開き直っています。

もちろん、予算というものがありますので、欲しいものを何でも買えるわけではありませんけれど……。

chapter 05

キャッシュ・フローを
マスターしよう！

chapter-05

利益は出ているのに財布はからっぽ!?

この章のポイント

この章では、主にキャッシュ・フローについてお話します。

会社がどんなときに倒産するのかは、これまでの章でもお伝えしてきましたが、覚えていますか？　儲からなくなったとき？　それも一つの答えですね。でも実際は、みなさんの周りにも利益が出てなさそうだけど倒産しない会社やお店があるのではないでしょうか。どうしてその会社やお店は潰れないのでしょう。会社が倒産するとき、それはお金が回らなくなったときなのです。

亮子先生の決算短信妄想術

赤字でも倒産しない会社、黒字でも倒産する会社

黒字倒産とは？

長引く不況の中、企業の倒産の話題は後を絶ちませんが、2008年は、不動産会社の倒産が特に話題となりました。実は、2007年頃にプチ不動産バブルが訪れ、不動産価格が少し上昇していました。ところが2008年にプチバブル崩壊。その結果、たくさんの不動産会社が倒産したのです。倒産の引き金となったのは、銀行が融資を引き揚げたことだといわれています。

ところで、この倒産騒ぎは、不動産の価格云々とは違う視点でも、人々に注目されました。それは、利益が出ているにも拘らず倒産するといういわゆる「黒字倒産」した会社が散見されたためです。

民事再生法を適用して上場廃止となったアーバンコーポレイションもその一つ。民事再生手続きを開始する直前（平成20年3月期）の決算短信の表紙を見てみると、営業利益69,636百万円、経常利益61,677百万円、当期純利益31,127百万円[50] と黒字です。株主への配当も出しています。

そんな企業がなぜ破たんしてしまったのかといえば、お金が回らなくなったからにほかなりません。お金が回らなくなっている状況は「キャッシュ・フロー」に表れます。

キャッシュ・フロー[51] とは、簡単に言えば、現預金の残高がどれだけ増えたり減ったりしたか、ということ。数字に△がついている場合はマイナスを意味していて、その分だけ支出があった、つまり現預金が減ったということを意味しています。△がついていなければその分だけ収入があった、つまり現預金が増えたということです。

上場企業はこの現預金の増減について大きく「営業活動によるキャッシュ・フロー」「投資活動によるキャッシュ・フロー」「財務活動によるキャッシュ・フロー」[52] の3つに分類し、データを集計しています。

営業活動によるキャッシュ・フローは本業ビジネスによる現預金の増減を、投資活動によるキャッシュ・フローは設備投資と本業以外の資産運用による現預金の増減を、財務活動によるキャッシュ・フローとは借り入れ

50）
次ページの決算短信の囲み①参照。

51）キャッシュ・フロー（CF）
企業の実際のお金の出入りのことをキャッシュ・フローといいます。決算短信の表紙の中央下よりのところに、キャッシュ・フローのダイジェスト情報が載っています（次ページの囲み②のところ）。

52）
それぞれ、営業CF、投資CF、財務CFとも呼ばれます。

アーバンコーポレイションの決算短信の表紙

URBAN CORPORATION

（財）財務会計基準機構会員

平成20年3月期　決算短信

平成20年5月15日

上 場 会 社 名　　株式会社アーバンコーポレイション　　上場取引所　東証一部
コ ー ド 番 号　　8868　　URL　http://www.urban.co.jp
代　表　者　（役職名）代表取締役社長　（氏名）房園博行
問合せ先責任者　（役職名）常務取締役　（氏名）宮地典之　TEL　(03)－5226－9000
定時株主総会開催予定日　平成20年6月27日　配当支払開始予定日　平成20年6月30日
有価証券報告書提出予定日　平成20年6月30日

（百万円未満切捨て）

1.　20年3月期の連結業績（平成19年4月1日～平成20年3月31日）

（1）連結経営成績　（%表示は対前期増減率）

①

	売上高		営業利益		経常利益		当期純利益	
	百万円	%	百万円	%	百万円	%	百万円	%
20年3月期	243,685	35.0	69,636	13.7	61,677	9.4	31,127	3.6
19年3月期	180,543	180.6	61,271	409.5	56,398	428.2	30,039	281.7

	1株当たり当期純利益		潜在株式調整後1株当たり当期純利益		自己資本当期純利益率	総資産経常利益率	売上高営業利益率
	円	銭	円	銭	%	%	%
20年3月期	138	29	132	14	31.3	11.8	28.6
19年3月期	133	90	129	66	38.6	17.5	33.9

（2）連結財政状態

	総資産	純資産	自己資本比率	1株当たり純資産	
	百万円	百万円	%	円	銭
20年3月期	602,566	131,517	18.3	489	54
19年3月期	443,304	103,111	20.0	394	95

（参考）　自己資本　20年3月期　110,245百万円　19年3月期　88,816百万円

②

（3）連結キャッシュ・フローの状況

	営業活動によるキャッシュ・フロー	投資活動によるキャッシュ・フロー	財務活動によるキャッシュ・フロー	現金及び現金同等物期末残高
	百万円	百万円	百万円	百万円
20年3月期	△100,019	△11,100	89,212	41,989
19年3月期	△55,033	△9,063	83,210	59,973

2.　配当の状況

	1株当たり配当金										配当金総額（年間）	配当性向（連結）	純資産配当率（連結）
（基準日）	第1四半期末		中間期末		第3四半期末		期末		年間				
	円	銭	円	銭	円	銭	円	銭	円	銭	百万円	%	%
20年3月期	－	－	10	00	－	－	15	00	25	00	5,630	18.1	5.7
19年3月期	－	－	5	00	－	－	20	00	25	00	5,618	18.7	7.2
21年3月期（予想）	－	－	10	00	－	－	15	00	25	00	－	23.5	－

3.　21年3月期の連結業績予想（平成20年4月1日～平成21年3月31日）

（%表示は、通期は対前期、第2四半期連結累計期間は対前年同四半期増減率）

	売上高		営業利益		経常利益		当期純利益		1株当たり当期純利益	
	百万円	%	百万円	%	百万円	%	百万円	%	円	銭
第2四半期連結累計期間	140,000	10.0	23,000	△37.5	18,600	△43.8	7,100	△56.7	31	53
通　期	323,500	32.8	58,800	△15.6	50,000	△18.9	24,000	△22.9	106	57

— 1 —

と返済による現預金の増減を意味しています。

本業で現預金が増えなければ企業は倒産してしまいますから、営業活動によるキャッシュ・フローはプラスが前提。マイナスの場合には要注意です。投資活動によるキャッシュ・フローは投資が進めば支出となるのでマイナスに、事業の縮小などに伴ない設備を売却したり運用がうまくいったような場合には収入となるのでプラスになります。財務活動によるキャッシュ・フローはお金を借り入れれば収入なのでプラスに、返済すれば支出なのでマイナスになります。

営業活動によるキャッシュ・フローは、サラリーマンでいえば、給料という収入と生活費という支出を集計したもの。給料の範囲内で生活できていればプラスに、できていなければマイナスになりますから、これがマイナスだったら大変だというわけです。

投資活動によるキャッシュ・フローは、家電などを買った場合の支出や資産運用に関する収入や支出を集計したもの。ですから、プラスであってもマイナスであってもそれが直接良し悪しとは結びつきません。

財務活動によるキャッシュ・フローは、ローンを組むことによる収入と返済という支出を集計したもの。住宅ローンを組んだ年にはお金が入るのでプラスに、返済時にはお金が出ていくのでマイナスになります。ですから、プラスとマイナスのどちらがいいということはありませんが、生活が安定したら、返済を進めるのが一つの理想ですね。

企業も同様です。営業活動によるキャッシュ・フローがプラスであることは非常に重要で、さらにビジネスを維持するための設備投資と返済を進めていくというのが一つの理想になります。つまり、3つのキャッシュが「プラス、マイナス、マイナス」となるのが一つの理想形。もしくは、資産運用の成功があったような場合の「プラス、プラス、マイナス」というのも理想形。

ここで、プラスとマイナスの関係を、矢印で記載すると、関係がわかりやすく把握できますよ。ちなみに、私はこれをキャッシュベクトルと命名しましたので、ご利用ください。

理想的な「キャッシュベクトル」

なお、「プラス、マイナス、プラス」は事業拡大時に現れやすい形です。ご参考まで。

当時のアーバンコーポレイションの決算短信の表紙で、キャッシュ・フローの部分を見てみると、営業活動によるキャッシュ・フローと投資活動によるキャッシュ・フローはマイナスになっています。つまり、お金をどんどん使って手持ちの資金が徐々に減少していたのです。しかもその減少分は、財務活動によるキャッシュ・フローのプラス、すなわち借り入れによって補てんしている状態でした[53]。

キャッシュベクトルを描いてみると、危険なレ点型。

53)
営業キャッシュ・フローがマイナス＝営業活動によってお金を増やすつもりが、なぜか減っていく状態に。投資キャッシュ・フローがマイナス＝なにか（設備投資など）にお金を使ったのでお金が減った。財務キャッシュ・フローがプラス＝借金などをしてお金が増えた。

個人にたとえれば、給料の額を超えて身の丈に合っていない生活をし、足りない分はキャッシングで補てんする、という状態です。

アーバンコーポレイションのキャッシュベクトルは危険なレ点型

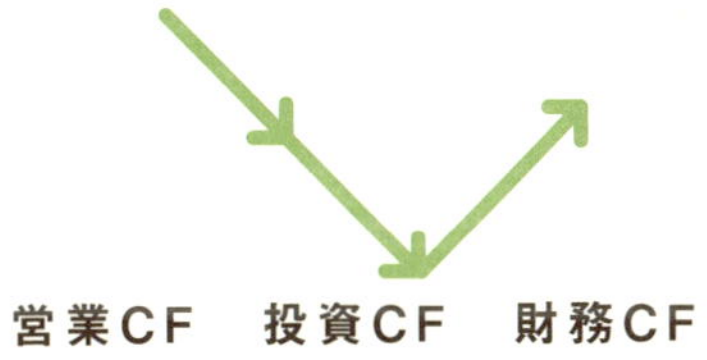

最終的には、借り入れによって補てんしきれず、お金が回らなくなったものと推測できます。このように、利益が出ていてもお金が回らなくなって倒産することがあり、これを「黒字倒産」といいます。

利益とキャッシュのズレをもたらす「商品」の存在

どうして利益が出ているのに、資金繰り（キャッシュ）に困るのでしょう？

利益とキャッシュが食い違う原因はいくつかありますが、アーバンコーポレイションの場合は、「商品」が主な原因だといえそうです。

利益は売上から費用を差し引いて計算されますが、商品は販売されて初めて費用となります。たとえば、商品を60万円で10個仕入れたとしましょう。仕入代金を支払ったら、支出600万円ということになりますね。これを店頭にて1個100万円で販売し、代金は現金で受け取ることとします。

①仕入れた商品がすべて売れたら、売上1,000万円－費用600万円＝利益400万円、となります。また、収入1,000万円－支出600万円＝現金増加400万円、となります。

②仕入れた商品のうち6個が売れたら、売上600万円－費用360万円[54]＝利益240万円となります。このとき、収入600万円－支出600万円＝現金増加0円、です。これで収支トントンですね。

54）
売れた6個分の仕入れ代金（60万円×6個=360万円）。

③仕入れた商品のうち1個が売れたら、売上100万円－費用60万円＝利益40万円となります。このとき、収入100万円－支出600万円＝現金減少500万円、つまり、キャッシュ・フローはマイナスになるのです。

このように、利益を計算する際の費用は、支出総額ではなく、実際に売れた分にかかった額だけが集計されることになっています。そのため、③のように、利益が出ていても支出の方が大きい場合があるというわけです。なお、仕入れた商品のうち、売れて費用となった分を「売上原価」といいます。

アーバンコーポレイションは、まさに③のケースというわけ。仕入れた額よりも高い価格で販売しているために利益は出ていますが、それ以上に仕入れによる支出が大きく、営業活動によるキャッシュ・フローがマイナスになっているのです。

不動産業という業種が、このような事態を招きやすいという特性を持っているのは確かです。マンションや住宅は、販売できるかどうかの確約もないまま多額のお金と時間を費やして商品を用意しなくてはなりませんから、そのための支出が先行してしまうのです。そうこうしているうちに資金が底をついたら終わりです。特に、これらの支出分を借り入れに頼っていたような場合には、販売して代金が入る前に返済期限が来てしまうと簡単に資金ショートしてしまうのです。

「減価償却」も商品も理屈は同じ

利益とキャッシュのズレは、利益は出ているけれどキャッシュはマイナス、という関係だけではなく、利益は出ていないけれどキャッシュはプラス、という関係も生み出します。そんな現象が現れているのはトヨタ自動車です。

トヨタの決算短信の表紙を見ると、21年3月期は営業利益△461,011百万円、税引前当期純利益△560,381百万円、当期純利益△436,937百万円[55]となっています。「△」はマイナスを意味していますので、損失、つまり赤字です。なお、トヨタは米国の会計基準を採用していますので、「経常利益」ではなく、「税引前当期純利益」となっています。

一方で、営業活動によるキャッシュ・フローは1,476,905百万円[56]とプラスになっています。自動車が

55）次ページの囲み①参照。

56）次ページの囲み②参照。

トヨタ自動車の決算短信の表紙

(財)財務会計基準機構会員

平成21年3月期 決算短信〔米国会計基準〕

平成21年5月8日

上場会社名 トヨタ自動車株式会社　　上場取引所 東 大 名 札 福
コード番号 7203　URL http://www.toyota.co.jp
代表者 （役職名）取締役社長　（氏名）渡 辺 捷 昭
問合せ先責任者 （役職名）経 理 部 長　（氏名）佐々木卓夫　TEL (0565)28-2121
定時株主総会開催予定日 平成21年6月23日　配当支払開始予定日 平成21年6月24日
有価証券報告書提出予定日 平成21年6月24日

（連結業績は百万円未満四捨五入、個別業績は百万円未満切捨て）

1. 21年3月期の連結業績（平成20年4月1日～平成21年3月31日）　①

(1) 連結経営成績

（%表示は対前期増減率）

	売上高		営業利益		税引前当期純利益		当期純利益	
	百万円	%	百万円	%	百万円	%	百万円	%
21年3月期	20,529,570	△21.9	△461,011	—	△560,381	—	△436,937	—
20年3月期	26,289,240	9.8	2,270,375	1.4	2,437,222	2.3	1,717,879	4.5

	1株当たり当期純利益	希薄化後1株当たり当期純利益	自己資本当期純利益率	総資産税引前当期純利益率	売上高営業利益率
	円 銭	円 銭	%	%	%
21年3月期	△139.13	△139.13	△4.0	△1.8	△2.2
20年3月期	540.65	540.44	14.5	7.5	8.6

（参考）持分法投資損益　21年3月期 42,724百万円　20年3月期 270,114百万円

(2) 連結財政状態

	総資産	純資産	自己資本比率	1株当たり純資産
	百万円	百万円	%	円 銭
21年3月期	29,062,037	10,061,207	34.6	3,208.41
20年3月期	32,458,320	11,869,527	36.6	3,768.97

② (3) 連結キャッシュ・フローの状況

	営業活動によるキャッシュ・フロー	投資活動によるキャッシュ・フロー	財務活動によるキャッシュ・フロー	現金及び現金同等物期末残高
	百万円	百万円	百万円	百万円
21年3月期	1,476,905	△1,230,220	698,841	2,444,280
20年3月期	2,981,624	△3,874,886	706,189	1,628,547

2. 配当の状況

	1株当たり配当金					配当金総額（年間）	配当性向（連結）	純資産配当率（連結）
（基準日）	第1四半期末	第2四半期末	第3四半期末	期末	年間			
	円 銭	円 銭	円 銭	円 銭	円 銭	百万円	%	%
20年3月期	—	65.00	—	75.00	140.00	443,200	25.9	3.7
21年3月期	—	65.00	—	35.00	100.00	313,551	—	2.9
22年3月期（予想）	—	—	—	—	—		—	

3. 22年3月期の連結業績予想（平成21年4月1日～平成22年3月31日）

（%表示は通期は対前期、第2四半期連結累計期間は対前年同四半期増減率）

	売上高		営業利益		税引前当期純利益	
	百万円	%	百万円	%	百万円	%
第2四半期連結累計期間	7,600,000	△37.7	△600,000	—	△600,000	—
通期	16,500,000	△19.6	△850,000	—	△850,000	—

当社株主に帰属する当期純利益※　第2四半期連結累計期間　△450,000百万円　通期　△550,000百万円
1株当たり当社株主に帰属する当期純利益※　第2四半期連結累計期間　△143円50銭　通期　△175円39銭
※「当社株主に帰属する当期純利益」は、平成21年3月期までの「当期純利益」と同じ内容です。

売れなくて赤字になっているにも拘らず、現金は増加しているのです。どうりで赤字でもビクともしないはずです。企業はお金が回っているうちは倒産しないもの。ト

ヨタは、赤字でもキャッシュは増加していますから、今すぐお金が回らなくなるという事態には陥らないのです。

では、どうしてこんなことが起こるのでしょう？

まず「赤字だけれどキャッシュはプラスである」という状況を見たら、その原因は「減価償却」にあると推測できます。

減価償却とは、建物や備品のように企業の中で長く利用されるものについて、利用した分だけを費用にする、という考え方や処理方法のことをいいます。

これは、商品と売上原価の話とまったく同じ。120ページでお話したように、商品の仕入れのために支出した金額全部をいっぺんに費用として計上せず、売れた分にかかった額だけを費用とするのでしたよね。

建物や備品も、実際に購入した際に支出した額をいっぺんに費用とせず、利用した分だけを費用として集計する、ということになっているのです。

ただし、建物や備品は、商品のように「売れた分」「利用した分」というのが明確にはわかりません。そこで、使用年数に応じて費用とする額を決めることになっています。

たとえば、ブランド物の100万円といったバッグを購入するとしたら、「10年使うから1年あたり10万円でしょ？」などと考えることができますよね。

それと同じ。1億円で建物を購入したとき、購入時に1億円を費用とするのではなく、「50年使うから1年あたり200万円」と考え、毎年200万円を費用とするわけです。

せっかくですから、もう少し具体的に考えてみましょう。毎年の売上が８億円（すべて現金で入ってくるとします）の企業が、40億円でパソコンを購入し４年間使うとします。つまりパソコンは、毎年10億円ずつ費用として集計することになります。

①１年目は、売上８億円－費用10億円＝損失２億円となります。また、収入８億円－支出40億円＝現金の減少32億円となります。

②２年目から４年目はそれぞれ、売上８億円－費用10億円＝損失２億円となります。また、収入８億円－支出０円＝現金の増加８億円となります。

実際の支払いは１年目に済んでいて、２年目以降は計算上の費用が集計されるだけなので、キャッシュを計算する際には、損失２億円に費用として差し引いた10億円をプラスするという関係になります。

そのため、利益の上では赤字でも、キャッシュはプラ

売上８億円の会社が40億円のパソコンを４年で償却した場合

	利益	現金
1年目	－2億円	－32億円
2年目	－2億円	＋8億円
3年目	－2億円	＋8億円
4年目	－2億円	＋8億円

この年は、収入8億円－支出40億円（パソコン代）なので……

以降は、収入8億円－支出0円

毎年、売上8億円－コスト10億円（パソコンの償却）なので……

スという現象が起こるのです。

会計の世界では、一時的な支出を一括で費用に計上せず、「売れた分」「利用した分」に応じて少しずつ費用にしていくことになっているのです。

ただし、「利用した分」を費用にするとはいっても、実際に建物や備品を何年利用するのかは将来のことなのではっきりと断言できません。そこで、あらかじめ利用期間を見積もって、その期間にわたって減価償却をします。この、あらかじめ見積もった利用期間のことを「耐用年数」、毎年の利用分として費用になった分を「減価償却費」といいます。

なお、上記のように毎年均等額を費用とする方法以外にも、いろいろな計算方法がありますので、興味のある方は、簿記を勉強してみてくださいね。

実際にトヨタのキャッシュ・フロー計算書を見てみると、営業活動によるキャッシュ・フローの中にひときわ大きな数字が目に飛び込んできます。減価償却費1,495,170百万円[57]です。

57） 次ページの囲み①参照。

キャッシュ・フロー計算書の「営業活動によるキャッシュ・フロー」は、企業の利益をベースにして、利益とキャッシュのズレを調整することでキャッシュを計算する、という仕組みになっています。

利益は、支出ではないけれど費用になる「減価償却費」を差し引いて計算した数字となっていますから、キャッシュ・フロー計算書では、利益にそれをプラスすることになります。そのため、利益では赤字を出していても、それ以上に大きな減価償却費が計上されているな

トヨタ自動車のキャッシュ・フロー決算書

トヨタ自動車㈱（7203）平成21年３月期決算短信

（4）連結キャッシュ・フロー計算書

（単位：百万円）

	前連結会計年度（平成20年３月31日に終了した１年間）	当連結会計年度（平成21年３月31日に終了した１年間）	
営業活動からのキャッシュ・フロー			
当期純利益・損失（△）	1,717,879	△ 436,937	
営業活動から得た現金＜純額＞への当期純利益・損失（△）の調整			
減価償却費	1,491,135	1,495,170	①
貸倒引当金及び金融損失引当金繰入額	122,790	257,433	
退職・年金費用＜支払額控除後＞	△ 54,341	△ 20,958	
固定資産処分損	45,437	68,682	
売却可能有価証券の未実現評価損＜純額＞	11,346	220,920	
繰延税額	81,458	△ 194,990	
少数株主持分損益	77,962	△ 24,278	
持分法投資損益	△ 270,114	△ 42,724	
資産及び負債の増減ほか	△ 241,928	154,587	
営業活動から得た現金＜純額＞	2,981,624	1,476,905	
投資活動からのキャッシュ・フロー			
金融債権の増加	△ 8,647,717	△ 7,700,459	
金融債権の回収及び売却	7,332,697	7,243,442	
有形固定資産の購入＜賃貸資産を除く＞	△ 1,480,570	△ 1,364,582	
賃貸資産の購入	△ 1,279,405	△ 960,315	
有形固定資産の売却＜賃貸資産を除く＞	67,551	47,386	
賃貸資産の売却	375,881	528,749	
有価証券及び投資有価証券の購入	△ 1,151,640	△ 636,030	
有価証券及び投資有価証券の売却及び満期償還	987,410	1,475,877	
関連会社への追加投資支払＜当該関連会社保有現金控除後＞	△ 4,406	△ 45	
投資及びその他の資産の増減ほか	△ 74,687	135,757	
投資活動に使用した現金＜純額＞	△ 3,874,886	△ 1,230,220	
財務活動からのキャッシュ・フロー			
自己株式の取得	△ 311,667	△ 70,587	
長期借入債務の増加	3,349,812	3,506,990	
長期借入債務の返済	△ 2,310,008	△ 2,704,078	
短期借入債務の増加	408,912	406,507	
配当金支払額	△ 430,860	△ 439,991	
財務活動から得た現金＜純額＞	706,189	698,841	
為替相場変動の現金及び現金同等物に対する影響額	△ 84,759	△ 129,793	
現金及び現金同等物純増加・減少（△）額	△ 271,832	815,733	
現金及び現金同等物期首残高	1,900,379	1,628,547	
現金及び現金同等物期末残高	1,628,547	2,444,280	

（注）連結キャッシュ・フロー計算書における資金（現金及び現金同等物）は、手許現金、随時引き出し可能な預金および容易に換金可能であり、かつ、価値の変動について僅少なリスクしか負わない短期投資からなります。

（5）継続企業の前提に重要な疑義を抱かせる事象又は状況

該当事項はありません。

らば、実はキャッシュはプラス、ということがあり得るのです。トヨタの場合は、世界中に相当な数の工場や機械を持っているので、毎年の減価償却費は巨額になり、損益計算書では赤字でもキャッシュはプラスという現象が生じるのです。

固定資産と減価償却

建物や機械装置、車両、備品など、企業の中で長期間使用される固定資産は、買ったときに全額費用とするのではなく、「使用した分」を減価償却費としていきます。

また、物理的な設備などでなくても、たとえば企業が持っている特許や商標などの権利も、法的に権利が続く期間にわたって減価償却します。

そのほか、合併などの際に生じた「のれん」[58] も減価償却の対象です。

58）のれん
合併や買収などで、買われる方の企業の時価ベースの純資産額より買収価格が高い場合、その差額を「のれん」といいます。買われる方の企業の純資産額＋のれん代＝買収価格、ということ。

本社ビル購入と会計処理

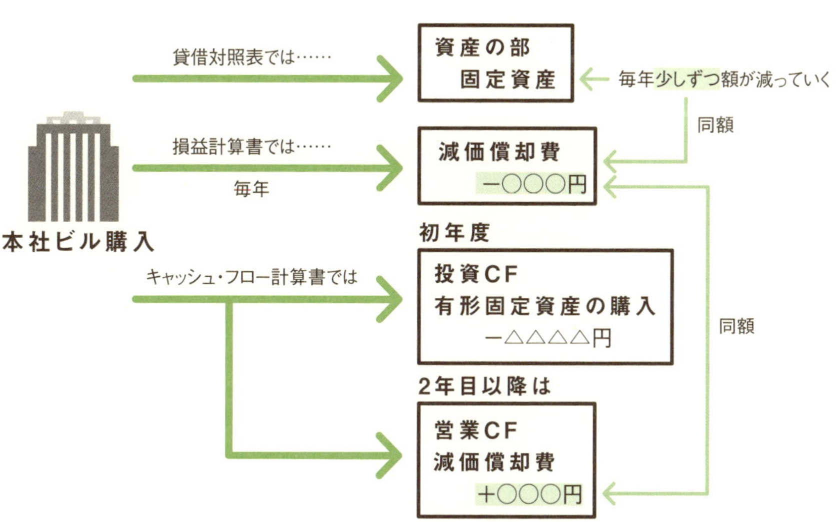

※CF＝キャッシュ・フロー

なお、土地や建物のように物理的に存在しているものを「有形固定資産」、法律上の権利や営業権のように目に見えないものを「無形固定資産」といいます。

固定資産は、支出したときに、貸借対照表に支出総額が計上され、その後徐々に減価償却費として処理されていくというわけです。

製造業など、経営のために多額の固定資産が必要になる企業では、減価償却費が大きくなる傾向があり、「利益は出ていなくてもキャッシュは問題なし」という状況が生じる可能性があるということを覚えておくといいですよ。

費用との関係で「資産」を理解する

このように、損益計算書に計上される費用は、「支出した額」ではなく、「利用した分」「売れた分」を意味しています。では、支出した額のうち、まだ費用になっていない分はどこに記されるのでしょう？

それは、貸借対照表に「資産」として計上されるのです。

費用が資産になるなんて、違和感があるかもしれませんね。でも、実は、これは会計の基本的な考え方をよく表している部分なのです。

たとえば、一般的に「交通費」といわれているものであっても、厳密に考えると①まずお金を払って切符を買い②切符を利用して移動する、という２つの側面に分けることができますよね。そして、会計の原則的な考え方に基づくと、①の段階では「費用」ではなく、②の段階で費用になるのです。

切手も印紙も家賃も、購入した時点で費用となるのではなく、利用した時点で費用になると、会計の世界では考えます。いずれも、支出の時点では貸借対照表に資産として計上し、利用した分だけを損益計算書の費用とするのが、原則的な考え方なのです。

もちろん実務的には、購入と利用が同時に生じるものやそもそも少額の支出については、そこまで厳密に「支払い」と「利用」を分けて考えないことにしています。ただ、決算書はこのような考え方に基づいて作られていて、貸借対照表には「お金」と「支出した分」が資産として計上され、損益計算書には「利用した分」が費用として計上されているのです。

そう考えると、貸借対照表の資産は、今後「費用」となるものの一覧と言い換えることもできますね。

製造のための支出も資産としてプールされる

たとえば、製品を製造して販売しているような場合も、この考え方が貫かれています。トヨタの工場で車両（製品）を製造しているような場合、製造に関する人件費や、工場での水道光熱費から何からいろいろな支払が生じます。でも、製品を製造するための支出は、あくまでもその製品が売れた時点で費用となります。

ですから、同じ「人件費」といっても、本社勤務の人の人件費は原則として支払った時点で費用となるのに対し、工場で製造作業をしている人の人件費は支払った時点で費用となるのではなく最終的に製品が売れた時点で費用となるのです。

こうして作られた製品や商品を合わせて「たな卸資産」といいます。そしてこれらは、売れるまでは貸借対照表に資産として計上されることになります。

さて、ここで冒頭に登場したアーバンコーポレイションのことを思い出してください。

アーバンコーポレイションの場合は、作ったマンションが貸借対照表に「たな卸資産」として計上されます。そしてマンションがスムーズに売れればたな卸資産は減り、現金が入ってきて、マンションを作るのに使ったお金は回収できたはずなのです。

しかし実際にはマンションは売れず、たな卸資産は積み上がったままでマンションを作るために借りたお金を返せずに倒産に至ります。たな卸資産が膨れ上がっている場合は利益が出ていてもキャッシュはマイナスということが起こり得るわけです。

だからこそ、企業の状況を見るときは、利益とキャッシュの両面に目を向けることが大切なのです。

Speed learning

決算短信速習コーナー⑤
減価償却を3つの視点から見てみると……

減価償却という考え方

「減価償却」という言葉は知っていても、正しく説明できるビジネスパーソンは少ないのではないでしょうか。

決算短信の表紙に減価償却の項目はありませんが、会計の世界ではよく利用されるので、ここでしっかりと覚えてくださいね。

減価償却とは、資産を費用化すること。ビルや工場、備品などの資産を購入した際に、その購入金額を一度に費用にするのではなく、一定の期間に少しずつ費用にしていく仕組みをいいます。わかりやすく言うと、長年使い続ける資産は、毎年使った分だけを費用にする、という考え方です。

たとえば、10億円のビルを購入したとしましょう。もしもその年に全額を費用にすれば、収益－費用＝利益ですから、利益が大きく減ってしまいます。そして次の年からは、会計データ上は購入した資産をタダで使ってビジネスをしたことになり、利益が大きくなってしまいます。これでは収益と費用の関係がおかしくなってしまい、正しい業績の評価ができませんよね。だから何年かに分けて少しずつ費用にしていくというわけです。

なお減価償却によって計上される費用のことを減価償却費といいます。

減価償却のしくみ

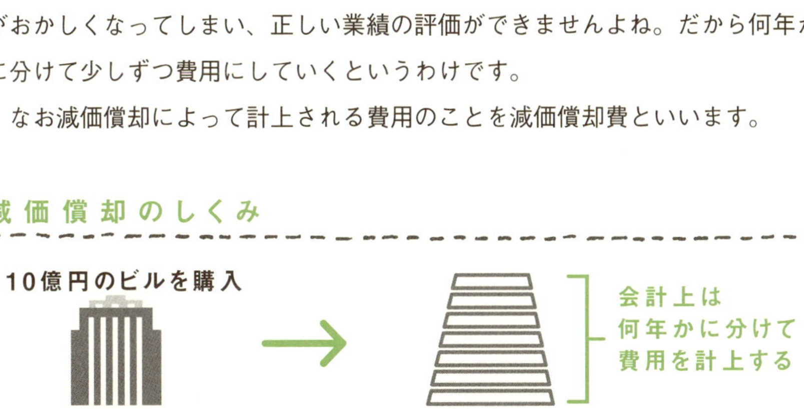
10億円のビルを購入
会計上は
何年かに分けて
費用を計上する

次に、減価償却を資産の面から考えてみましょう。

先ほどの10億円のビルですが、長年利用していればその価値は年々下がります。みなさんが使っているパソコンで考えてみてください。パソコンを40万円で買い、1年使ってから売った場合、買った金額の40万円では絶対に売れませんよね。たとえば1年後には30万円、2年後には20万円といった具合に安くなっていきます。つまり、パソコンの“価値が減った（価格が下がった）＝減価”というわけです。

このように建物や設備などの資産価値は減少するため、貸借対照表において適正な資産価値を示す必要があります。資産の部にある「有形固定資産」の部分、もしくは注記部分を見ると、減価償却累計額が出ていますが、これは、これまでに減価償却した分の合計です。購入したときの金額から減価償却累計額を引くことで、今の価値はいくらなのかがわかるようになっています。つまり、減価償却費として損益計算書の費用に計上した分だけ、年々資産の金額が減っていくのです。

ちなみに、資産の中でも土地や借地権のように価値が減らないものは減価償却の対象になりません。土地の価格は変わりますが、ビルや工場などのように、年々劣化していくものとは違うためです。

費用の面、資産の面における減価償却の仕組みはわかりましたか？　では最後にキャッシュの面から見てみましょう。

資産を購入すればお金を支払いますので、その金額分、投資活動によるキャッシュ・フローがマイナスになります。しかし、減価償却という処理は、資産を購入して投資活動によるキャッシュ・フローに計上したら終わりというわけにはいきません。

減価償却では、建物や設備などの購入金額を少しずつ費用に計上しますが、実際には購入した時点で代金の支払いが済んでいます。キャッシュ・フローの面では、ここがポイント。つまり、キャッシュが減らない費用を計上しているので、それを調整する必要があるのです。

そこで、キャッシュ・フロー計算書を見てください。営業活動によるキャッシュ・フローの中に、減価償却費がプラスされています。どういうことかというと、実際にはキャッシュが減っていないのに費用を計上したのですから、その分を足し戻さなければなりません。ようするに、利益＝収益－費用（減価償却費を含む）ですから、結局「利益＋減価償却費」と計算することによりキャッシュのつじつまを合わせているのです。それが営業活動によるキャッシュ・フローの減価償却費として出ているのです。

減価償却した分を足し戻す

任天堂㈱（7974）平成21年3月期決算短信

(4)連結キャッシュ・フロー計算書

(単位:百万円)

	前連結会計年度 (自 平成19年4月1日 至 平成20年3月31日)	当連結会計年度 (自 平成20年4月1日 至 平成21年3月31日)
営業活動によるキャッシュ・フロー		
税金等調整前当期純利益	433,775	448,132
減価償却費	7,363	8,102
貸倒引当金の増減額(△は減少)	602	2,149
退職給付引当金の増減額(△は減少)	715	5,960
受取利息及び受取配当金	△ 44,585	△ 30,430
支払利息	0	1
為替差損益(△は差益)	66,389	98,557
投資有価証券売却益	△ 37	△ 82
投資有価証券評価損	10,914	832
持分法による投資損益(△は利益)	△ 1,334	△ 164
売上債権の増減額(△は増加)	△ 70,031	△ 4,535
たな卸資産の増減額(△は増加)	△ 24,519	△ 57,623
仕入債務の増減額(△は減少)	34,240	8,182
未払消費税等の増減額(△は減少)	△ 1,219	△ 3,003
その他	41,645	△ 13,381

なお、ビルや工場、機械、備品など、減価償却の対象となるものはすべて償却する期間（耐用年数）をあらかじめ決めた上で処理します。さらに、主な減価償却費の計算方法には、一定期間毎年同じ額を減らす定額法、同じ率で減らす定率法の２つがあります。

Coffee break♪

亮子先生の
会計エッセイ

決算書という危うい情報

決算書というものがとても危うい情報であることは、私が会計に魅力を感じる要因の一つです。

危うい、というのには、具体的にはいくつかの意味があるのですが、一言でいうならば、一定の条件のもとに作られた不完全な情報にすぎない、ということです。

これはあらゆる学問に共通することだと思いますが、社会現象すべてを正確に切り取って整理したり表現したりすることは到底できませんよね。経済学では「人間は経済的合理性を持って活動する」とか「情報はすべて平等に与えられる」といった前提条件をおいて理論をスタートさせたりしますし、数学の世界だって「点の定義」がなければ一歩も前に進めません。

一定の状態を「正しいもの」という前提で話を始めたり、その学問によって取り扱えないものは排除したりすることによってそれぞれの美しい理論を展開していくのは、自然科学でも社会科学でも共通するところだと私は理解しています。

会計については、近年ではあまり語られなくなってきている「会計の構造的公準」というものが、その世界の不完全さを顕著に物語っています。公準は3つあります。

1つ目は、会計実体の公準。これは、「会計というのは、『企業』とか『企業グループ』とか『プロジェクト』とか『支店』とか、区切られた組織のお金の流れを記録するものだよ」という考え方というか前提です。そのため、企業を取り扱うか企業グループを取り扱うかで、データの集計方法が大きく異なってくる可能性があります。ちなみに企業のデータを集計したものを「個別」「単体」といい企業グループのデータを集計したものを「連結」といいます。

2つ目は、継続企業の公準。これは、「企業は半永久的に続く。企業が終わるその時まで計算を待っていられないから、人為的に期間を区切って決算しようよ」という考え方です。ゴーイングコンサーンともいいますが、実はこれは、なかなか厄介な考え方なのですよ。ざっくり言えば、1年ごとに、「今年は儲かったかどうか」をルールに基づいて計算しましょうね、という考え方ですから。

具体的に何が厄介なのかと言えば、まず、本当に儲かったかどうかは、企業が終わる（清算する）その時までわからない、ということ。かつて一世を風靡した企業が気づけば債務超過に陥っていた、ということがあるように、ビジネスを終わらせるそのときまで、利益は正確にはわからないのです。

もう一つ厄介なのは、企業は止まることなく続いているので、一定期間の利益を計算するためには見積もり計算や仮定を置いた計算が必要になるということ。退職金の額は実際に辞めてくれるまでわからない、有価証券の時価は明日になったらまた変わるかも知れない、といった具合に、不確定要素の多い数字を決算書に詰め込まなければならないのです。

そんなこともあって、決算書の情報は「相対的真実」なのだと会計の基本原則は訴えています。

3つ目は貨幣的測定の公準。これは、「会計の世界では、貨幣で測定できる現象だけを取り扱いますよ」という考え方。つまり最初から、いくらだかわからないものは取り扱わない、という宣言をしているのです。

たとえば、人の能力とか、愛情とか、人脈とか、企業の和気あいあいとした良い雰囲気とか、企業の経営を左右するような大切な要素は、通常、金額では測れません。そういった「プライスレス」なものは、そもそも会計という世界の対象外なのです。

さらに言えば、「貨幣はあくまでも測定単位としての道具なのだ」という宣言であると考えることができると思っています。つまり、「円」というのは単なる単位であって、値段がものの「価値」を表すとは限らない、ということ。価値と価格はある程度連動はするのでしょうけれど、決してイコールではないのです。

実際、貸借対照表に記載される企業の財産の額は、その額で売れるとか、それだけの価値がある、というよりは、一定のルールに基づいてそう計算された額、というだけの意味しか持ち合わせていません。

この公準を習った時、「価値」とは何か、「価格」とは何か、という私の頭では到底答えを出せないような命題に頭を悩ませた記憶があります。

というわけで、決算書は、そんな前提を持った世界で作られる書類ですから、企業について貨幣単位で測定した一覧表ではあるけれど、それ以上でもそれ以下でもないということ。

決算書を知ったら企業のことや経営のことがわかるのか、といえば、会計の世界で取り扱っている部分についてはわかるかも知れない、というだけ。逆に、そういうものだと心得ておけば、そこからいろいろな情報を読み取れる非常に便利なツールでもあるのですけれど。

chapter

06

営業キャッシュ・フローがマイナスの会社!?

chapter-06

ほんの少し掘り下げてみるだけでわかること

この章のポイント

引き続き、キャッシュ・フローについて見ていきます。

もし1秒で企業の決算の状況をチェックしなければならない状況に陥ったらどこをチェックしますか？　そんなシチュエーションはないかもしれませんが(笑)、私なら、決算短信の表紙の「営業活動によるキャッシュ・フロー」欄を見て、プラスかマイナスかを見ます。マイナスならかなり心配です。

右ページは英会話スクールを展開しているGABAの決算短信の表紙です。営業キャッシュ・フローを見てみると……。

亮子先生の決算短信妄想術

英会話やエステなどの一括前払い制と会計の関係

企業を知って賢い消費者になろう！

会社を経営してみるとわかるのですが、かなり大規模な会社であっても、けっこうお金に困ったりするものです。

商品を売り上げても代金を回収するまではお金がない状態になりますし、回収できなければ、利益はあるけれどお金はない、という状況に陥ります。それなのに、取

GABAの決算短信の表紙

(財)財務会計基準機構会員

平成20年12月期 決算短信(非連結)

平成21年2月12日

上場会社名　株式会社 GABA　　上場取引所　東
コード番号　2133　URL　http://www.gaba.co.jp
代表者　(役職名) 代表取締役社長　(氏名) 青野 仲達
問合せ先責任者　(役職名) 常務執行役員最高財務責任者　(氏名) 麻野 憲志　TEL 03-5768-2000
定時株主総会開催予定日　平成21年3月26日　配当支払開始予定日　平成21年3月11日
有価証券報告書提出予定日　平成21年3月27日

(百万円未満切捨て)

1. 20年12月期の業績(平成20年1月1日～平成20年12月31日)

(1) 経営成績　(%表示は対前期増減率)

	売上高		営業利益		経常利益		当期純利益	
	百万円	%	百万円	%	百万円	%	百万円	%
20年12月期	9,043	3.0	584	△28.9	651	△26.6	277	△46.9
19年12月期	8,777	14.6	821	△42.5	887	△37.8	522	△36.6

	1株当たり当期純利益	潜在株式調整後1株当たり当期純利益	自己資本当期純利益率	総資産経常利益率	売上高営業利益率
	円 銭	円 銭	%	%	%
20年12月期	5,708.38	—	19.2	10.3	6.5
19年12月期	11,350.69	10,001.90	29.8	12.9	9.4

(参考) 持分法投資損益　20年12月期 —百万円　19年12月期 —百万円
(注) 平成20年12月期の潜在株式調整後1株当たり当期純利益につきましては、希薄化効果を有する潜在株式がないため記載しておりません。

(2) 財政状態

	総資産	純資産	自己資本比率	1株当たり純資産
	百万円	百万円	%	円 銭
20年12月期	5,939	1,320	22.2	△11,108.98
19年12月期	6,764	1,563	23.1	△16,809.00

(参考) 自己資本　20年12月期 1,320百万円　19年12月期 1,563百万円

①

(3) キャッシュ・フローの状況

	営業活動によるキャッシュ・フロー	投資活動によるキャッシュ・フロー	財務活動によるキャッシュ・フロー	現金及び現金同等物期末残高
	百万円	百万円	百万円	百万円
20年12月期	△2,529	228	△519	853
19年12月期	867	△1,067	△912	3,673

2. 配当の状況

	1株当たり配当金					配当金総額(年間)	配当性向	純資産配当率
(基準日)	第1四半期末	第2四半期末	第3四半期末	期末	年間			
	円 銭	円 銭	円 銭	円 銭	円 銭	百万円	%	%
19年12月期	—	0.00	—	0.00	0.00	0	—	—
20年12月期	—	0.00	—	0.00	0.00	0	—	—
21年12月期(予想)	—	0.00	—	0.00	0.00	———	—	———

(注) 上記「配当の状況」は、普通株式に係る配当の状況です。当社が発行する普通株式と権利関係の異なる種類株式(非上場)の配当の状況につきましては、3ページ「種類株式の配当の状況」をご覧ください。

3. 21年12月期の業績予想(平成21年1月1日～平成21年12月31日)

(%表示は通期は対前期、第2四半期累計期間は対前年同四半期増減率)

	売上高		営業利益		経常利益		当期純利益		1株当たり当期純利益
	百万円	%	百万円	%	百万円	%	百万円	%	円 銭
第2四半期累計期間	3,400	△26.0	△350	—	△330	—	△220	—	△5,033.63
通期	6,730	△25.6	△560	—	△510	—	△320	—	△7,321.65

(注) 平成21年12月期より収益計上基準について変更を行うため、従来の基準により計上した場合と比較し、売上高が1,020百万円減少し、それに伴い営業利益および経常利益が1,020百万円、当期純利益が600百万円減少しております。
収益計上基準の変更につきましては、5ページ「1 経営成績 (1)経営成績に関する分析 (次期の見通し)」をご覧下さい。

引先への支払い、家賃の支払い、給与の支払いと、企業は常に支払いに追われています。そのため、「代金は一括前払いで払ってほしい！」というのが企業の本音。その最たるものが、英会話とエステです。

でも一方で、企業にとってはありがたい一括前払いは、消費者にとってはリスクの高い取引ですよね。多額の料金を一括で払ったけれど、企業が潰れてサービスも

受けられずお金も返ってこない、という事例が過去にいくつもあります。

もちろん、消費者を守る法律も整備されてきてはいますが、実際には、結局お金が戻ってこない可能性も高い。だってお金がなくて倒産するのですから。そう考えると、相手企業のことを少しでも知った上で取引をする、という姿勢が消費者にも求められるのだと思います。

そして、相手企業のことを知るための一つの手段が決算書。しかも、たった一つの数字だけで、取引をしてもいいかどうかがわかる可能性があるのです！

まずは営業活動による キャッシュ・フローをチェック

実際に、英会話スクールGABAの決算短信でチェックしてみましょう。実は私は以前、GABAに通ったことがあります。上場前にも上場後にも通ったことがあって、教室の様子やブランドイメージがどんどん変わっていく様子はとても面白かったです。

そういうこともあってGABAの決算短信を見てみたのですが、ビックリ！　なぜなら誰にでも簡単にわかる「危険な企業のチェックポイント」に見事に引っかかってしまったのです。そのチェックポイントは「営業活動によるキャッシュ・フロー」。決算短信の表紙にある営業活動によるキャッシュ・フローがマイナス、つまり数字に「△」がついていたら、企業経営が厳しい状況にある可能性が高いのです。

GABAの決算短信の「キャッシュ・フロー　営業活動によるキャッシュ・フロー」は△2,529百万円[59]。

これだけで「危険」と断言することはできませんが、近年倒産した不動産会社や過去の倒産事例を見ると、ここがマイナスである企業は多い！　マイナスであるからといって倒産すると決まっているわけでもないですし、マイナスでないから倒産しないと言い切れるわけでもなく、可能性の問題なのですけれどね。

ちなみに、少し復習すると、営業活動によるキャッシュ・フローとは、本業でどれだけ「お金」が増えたかを計算したもの。たとえば、70円を支払って商品を仕入れて100円で売る予定の場合、

①商品が売れなかった場合には営業活動によるキャッシュ・フローは「△70円」[60]

②商品が売れて代金100円を受け取っている場合には、売上代金の収入100円－商品の仕入れによる支出70円＝営業活動によるキャッシュ・フローは「30円」

③商品は売れたけれど代金100円は後日受け取る場合には、営業活動によるキャッシュ・フローは「△70円」となります。

つまり、営業活動によるキャッシュ・フローがマイナスになるというケースは、①の商品を仕入れたり経費を支払ったりしたけれど商品は売れていない、③の商品は売れたけれど代金を回収できいていない、という状況で、このままの状態でいたら、預金が底を突いたところで企業が倒産してしまう、ということになるのです。

59)
P139の決算短信の囲み①に注目！

60)
仕入代金の70円がマイナスに。

しかも怖いのは、それが、「利益」とは全く違う数字になるということ。前述した①から③について、売上や利益はどうなるのかといえば、

①は売上も費用も「ゼロ」となり利益は「ゼロ」となる
②は売上100円、費用70円で利益は30円となる
③は売上100円、費用70円で利益は30円となる

のです。経営成績から見れば、いずれも、赤字にはなっていないというわけ。でも、①と③は、このままの状況が続いたら危険であるという、いわば「隠れ赤字[61)]」の状態なのです。

実際、GABAの経営成績を見ても、営業利益は584百万円、経常利益は651百万円、当期純利益は277百万円と、きちんと利益が出ていますよね。

でも、5章で見たように、「利益が出ている」「業績が良い」といった企業でも突然倒産することがあります。そうした「黒字倒産」を見抜くポイントが、営業活動によるキャッシュ・フロー。マイナスの場合には要注意です。

61)
①と③は実際の現金の流出入で見ればともに仕入れの70円分マイナスのはず。でも「売上高」や「利益」といった面からだけ見ると、その「現金70円のマイナス」が見えてきません。

利益とキャッシュがズレるわけ

このように、経営成績に記載される「利益」と実際にお金がどれだけ増えたかという「キャッシュ・フロー」にズレが生じる可能性が多々ありますが、授業料を事前に一括前払いするような英会話スクールではズレが生じ

やすいので要注意です。

私たちはまず、英会話スクールに入会金とレッスンチケット代を一括で支払います。わかりやすいように、3年間有効の300回分のチケットを150万円とし、入会金3万円と合わせて153万円を支払ったとしましょう。

このとき、英会話スクールにとっては153万円の収入となりますが、売上になるのは、入会金の3万円だけ。残りの150万円は、「収入だけど売上（利益）ではない」という取り扱いになります。

売上になるのは、私たちが消化したレッスン分だけ。たとえば、入会して1年は全くレッスンを受けず、2年目に150レッスン、3年目に150レッスンを消化した場合、英会話スクールは2年目に売上75万円、3年目に売上75万円となるのです。

上記の条件で収入と売上を見ると……

	収入	売上
1年目	153万円	3万円
2年目	0円	75万円
3年目	0円	75万円

逆にキャッシュは、1年目は153万円の収入ですが、2年目と3年目は収入なし。

実際には、スクールの維持費や講師への支払いがありますから、2年目と3年目はキャッシュ・フローはマイナスとなるわけです。

それでもマイナスでは ダメな理由

そう考えると、英会話スクールの場合、営業活動によるキャッシュ・フローがマイナスであっても、大きな問題はないように思えるかもしれません。確かに、私たちが1年目に支払ったお金を実際のレッスンが行われる2年目、3年目までスクールがプールしてくれていれば、数字上マイナスに見えるだけで、何の問題もなくスクールの運営が続いていくでしょう。

しかし、そうはいかないのが企業経営。企業は、投資して儲けることが目的の一つですから、そもそもお金をプールしておくという発想自体、あまり望ましくないといわれています。事前に受け取った授業料を新しい受講生を集めるための広告費用に充てたり、新しい教室を開くための資金に使うのは当たり前のこと。それでより大きな売上につながればいいのですからね。

また、借金を抱えていたとしたら、返済資金として使われるかも知れません。受講生のレッスン消化度合と返済期限は連動しませんからレッスンに合わせてお金をプールするというのは、意外と難しいのです。

そのため、健全な経営のためには、継続的な受講料収入が必要で、創業時を除いては、営業活動によるキャッシュ・フローがマイナスになることは少ないのです。実際に、経営破たんを来したNOVAは、一括前払いで受け取ったお金を設備投資などに費やして、最終的には新規のお客が来なくてお金が回らなくなった、と考えられます。

大きな数字に着目せよ

利益は出ているのに営業活動によるキャッシュ・フローはマイナス……。英会話スクールとしては最悪な状況かもしれません。英会話スクールのお金の問題だけで考えれば、レッスンが消化されないままチケットの期限が来る状態が一番望ましいのです。これってつまり、売上が少ない方が望ましいという、皮肉なビジネスモデルなのです。あくまでも、お金の面から考えたら、という話ですけれどね。

そこでドキドキしながら、その原因を探るため、決算短信をめくっていって、キャッシュ・フロー計算書をチェックすることにします。

するとどうでしょう！　そこにも大きな驚きがあったのです！[62]

決算書を見るときは、大きな数字に着目するといいのですが、あるじゃないですか。営業活動によるキャッシュ・フローという中にひときわ大きな数字が。そう、「受講料金銭信託の増減額（増加△）　△2,357,516千円」です。このマイナスのせいで、営業活動によるキャッシュ・フローがマイナスになっているであろうことは、キャッシュ・フロー計算書のことをよく知らなくても、容易に想像がつきますよね？

それでは、受講料金銭信託の増減額とは何なのだろう、ということになりますが、実はこの項目、私も初めて見たものでした。まずは、項目名から想像します。受

62）次ページのキャッシュ・フロー計算書を見てください。

GABAのキャッシュ・フロー計算書

㈱GABA（2133）平成20年12月期決算短信（非連結）

(4) キャッシュ・フロー計算書

区分	注記番号	前事業年度（自 平成19年1月1日 至 平成19年12月31日）金額（千円）	当事業年度（自 平成20年1月1日 至 平成20年12月31日）金額（千円）
I 営業活動によるキャッシュ・フロー			
1．税引前当期純利益		802,779	471,361
2．減価償却費		183,270	205,246
3．長期前払費用償却額		3,911	4,649
4．商標権償却		3,399	3,399
5．受取利息		△2,816	△3,272
6．ＬＳ閉鎖損失引当金の増減額（減少△）		2,878	93,330
7．賞与引当金の増減額（減少△）		50,889	△83,832
8．固定資産除却損		41,367	36,906
9．減損損失		27,935	26,900
10．株式交付費		1,320	386
11．売上債権の増減額（増加△）		△11,217	△109,515
12．たな卸資産の増減額（増加△）		△29,421	△41,867
13．仕入債務の増減額（減少△）		△1,084	△1,204
14．未払金の増減額（減少△）		41,778	△65,630
15．未払費用の増減額（減少△）		△85,440	18,247
16．未払消費税等の増減額（減少△）		△2,930	△9,771
17．前受金の増減額（減少△）		590,667	△549,673
18．受講料金銭信託の増減額（増加△）		—	△2,357,516
19．預り金の増減額（減少△）		11,139	4,924
20．その他		△47,202	5,157
小計		1,581,224	△2,351,776
21．利息及び配当金の受取額		2,316	3,767
22．法人税等の支払額		△716,361	△181,117
営業活動によるキャッシュ・フロー		867,180	△2,529,127

講料を信託しているもののようだ、と。信託とは何か、と法律上つきつめると難しいですが、会計上は信託といえば信託銀行などに預けたお金、という程度で十分理解できます。

そして、「増加△」となっているので、「2,357,516千円、信託が増加した」と読み取ることができるわけです。「信託銀行に預けることはそもそも支出なの？」という声が聞こえてきそうですが、キャッシュ・フロー計算書では、出し入れ自由な預金への預け入れは支出となりませんが、そうでない場合には支出という取り扱いになるのです。厳密には、どのような預金であれば支出とするのか、もう少し細かい規定がありますけれどね。

さらに、キャッシュ・フロー計算書の「〜の増減額」という項目は、貸借対照表に同じものが存在しているということを覚えておくといいでしょう。決算書を見て想像することに加え、こういった決算書に対する知識を利用すれば、「受講料金銭信託」という項目が貸借対照表にあるはずだ、と判断できるのです。そしてさらなる内容を探るために、貸借対照表へと目を移していくわけです。

貸借対照表[63)] を見てみると、ありました！　受講料金銭信託は、19 年 12 月は存在せず、20 年 12 月に初登場したようですね。貸借対照表に 2,357,516 千円が計上されています。

そして、項目名の隣に※印がついていますが、これは、「後ろに注意書きがありますよ」というサイン。注記の欄に受講料金銭信託の説明がきちんと書かれていました。

> **※１受講料金銭信託**
>
> 毎年３月、６月、９月、12 月の各月末のレッスン未提供分受講料を基準として、その一定割合を金融機関に信託し、会社資産とは分別して管理することにより保全しております。（以下略）

63）
次ページ参照。

GABAの貸借対照表

㈱ＧＡＢＡ（2133）平成20年12月期決算短信（非連結）

4．財務諸表

(1) 貸借対照表

		前事業年度 （平成19年12月31日）			当事業年度 （平成20年12月31日）		
区分	注記番号	金額（千円）		構成比（%）	金額（千円）		構成比（%）
（資産の部）							
Ⅰ　流動資産							
1．現金及び預金			3, 036, 862			853, 463	
2．売掛金			183, 209			292, 725	
3．有価証券			636, 583			—	
4．受講料金銭信託	※1		—			2, 357, 516	
5．教材			101, 366			141, 499	
6．貯蔵品			11, 722			13, 457	
7．前払費用			144, 604			138, 839	
8．繰延税金資産			102, 485			111, 740	
9．その他			4, 130			934	
流動資産合計			4, 220, 964	62. 4		3, 910, 176	65. 8
Ⅱ　固定資産							
1．有形固定資産							
(1) 建物		783, 649			815, 434		
減価償却累計額		119, 857	663, 792		161, 125	654, 308	
(2) 構築物		59, 123			45, 624		
減価償却累計額		14, 766	44, 356		14, 597	31, 026	
(3) 工具器具備品		599, 118			666, 733		
減価償却累計額		198, 251	400, 867		301, 893	364, 840	
有形固定資産合計			1, 109, 016	16. 4		1, 050, 174	17. 7
2．無形固定資産							
(1) 商標権			22, 950			19, 550	
(2) ソフトウェア			58, 295			54, 874	
(3) ソフトウェア仮勘定			2, 187			11, 627	
(4) その他			729			729	
無形固定資産合計			84, 162	1. 2		86, 781	1. 5

要は、前払いされた受講料の一部は信託としてプールしてあって、GABAが万一倒産したときでも、その分だけは返ってくる、ということ。英会話スクールに対する消費者のリスクを理解し、それにきちんと対処している企業の姿勢まで見えてくるようです。

営業活動によるキャッシュ・フローがマイナスであったため、「もしかして！」と驚いて（不安になって）ここまで見てきたのですが、その不安は消費者を守るためにプールする対応への驚き（感心と安心）に変わったわけです。

これだけの知識でも、かなり賢い消費者になれる。そう思いませんか？

決算短信速習コーナー⑥

キャッシュは経営の命綱！

キャッシュ・フローってこういうこと！

企業間の取引では、取引が成立してもその時点ですぐにお金を支払ったり、受け取ったりするとは限りません。要するに“ツケ”による取引が通常でこの“ツケ”のことを「買掛金」あるいは「売掛金」といいます。企業間では、かなり長期間に及ぶツケが許されています。

たとえば、後で代金を受け取る取引の場合、商品を売却した時点で売上に計上されるものの、代金は売掛金として計上され実際にお金を手にするのは、半年後や１年後になることもあります。

当たり前のことですが、企業は現金や預金が入ってこなければ、経営を続けられません。売上がどんなにあっても、売掛金ばかりが膨らんでは、倒産してしまう可能性だってあるのです。ですから、現時点における実際の“懐具合”を探っておくことは、とても大切です。資金繰りに問題がないかどうかは、決算短信の表紙のキャッシュ・フローの欄で確かめることができます。

(3) 連結キャッシュ・フローの状況

	営業活動によるキャッシュ・フロー	投資活動によるキャッシュ・フロー	財務活動によるキャッシュ・フロー	現金及び現金同等物期末残高
	百万円	百万円	百万円	百万円
20年3月期	△100,019	△11,100	89,212	41,989
19年3月期	△55,033	△9,063	83,210	59,973

キャッシュ・フローとは、現預金の収支のことで、「営業活動によるキャッシュ・フロー」、「投資活動によるキャッシュ・フロー」、「財務活動によるキャッシュ・フロー」の３つに分かれています。

この中で、特に重要なのが「営業活動によるキャッシュ・フロー（営業C

F)」です。これは本業でどれだけキャッシュを稼いだかを表す数字です。

この判断はすごく簡単で、営業キャッシュ・フローがプラスであれば◎、マイナスであれば×。マイナスというのは、本業でしっかり稼いでいないという証拠です。合理的な理由がない限り、本業で稼げない企業は倒産リスクも非常に高い。実際に倒産した企業の決算書を見直してみると、営業キャッシュ・フローがマイナスであることが多いのです。

売上や利益が出ているからといって、安心はできません。たとえ損益計算書が黒字でも、営業キャッシュ・フローのマイナスが長く続けば、いずれ倒産してしまいます。

営業キャッシュ・フローは、こうした資金繰りの実態を明らかにするものです。ただし、営業キャッシュ・フローがマイナスでも、即倒産、という事ではありませんが。

「営業キャッシュ・フロー」を理解することはとても大切なので、もう少しつけ加えておきます。

まず、営業利益と営業キャッシュ・フローの利益は、まったく別物だと覚えておきましょう。

それはこういうことです。営業利益では、商品は売れた分だけを利益として計上することになっています。したがって、仕入れ代金もその商品が売れるまでは費用として計上できません。これに対して、営業キャッシュ・フローは、単純にキャッシュの出入りを表したものなので、商品が売れていなくても、仕入れ代金を支払った時点で計上します。

そのため利益以上にキャッシュが減っている（またはその逆）という状態が起こり得るのです。損益計算書は黒字でも、懐はすっからかん、ということもあり得ます。その時点での実際のお金の流れは、キャッシュ・フロー計算書でなければわからないので、営業キャッシュ・フローをチェックしておくことが大切というわけです。

ちなみに、売上高にも同じことがいえます。売上高は確かに売上の“数字”ですが、それは“キャッシュ”とは限りません。売掛金としてツケで売ってはいるものの、実際には代金を全額回収できていない可能性もあるからです。

次に「投資キャッシュ・フロー」についても少し付け加えておきましょう。

これは文字通り、ビジネスのための設備投資に使ったお金や不動産や株の売買などによるキャッシュの出入りを表したものです。

私たちが毎月の収支とは別に、ボーナスで大きな買い物をしたり、株を運用したりするのと同じイメージですね。

設備などを購入してお金を支払うと、投資キャッシュ・フローはマイナスになり、逆に売却してお金が入ってくるとプラスになります。

優良企業は成長するためにさまざまな投資をしています。したがって、投資キャッシュ・フローは通常マイナスになることが多いといえます。

投資キャッシュ・フローは、資産と併せて確認するとわかりやすいでしょう。たとえば、設備や自社ビルは貸借対照表の固定資産となりますから、これらを売却して大金が動けば固定資産が減り、投資キャッシュ・フローが増えるのが、数字にハッキリと出てくる可能性があります。

３つ目の「財務キャッシュ・フロー」は、お金を借りたり、返したり、その出入りを表しています。

銀行から融資を受けたり、株主から資金を調達すると、お金が入ってくるのでプラスになります。逆に、借金の返済でお金を支払っている場合はマイナスになります。ここはカン違いしやすいポイントなので気をつけてください。

まとめると、

・営業キャッシュ・フロー……本業のビジネスによるキャッシュの増減
・投資キャッシュ・フロー……設備投資や不動産、株などの売買によるキャッシュの増減
・財務キャッシュ・フロー……借入や返済、増資などによるキャッシュの増減

また、営業キャッシュ・フローと投資キャッシュ・フローのバランスにも注目しておきましょう。ビジネスを行うために投資は必要ですが、投資キャッシュ・フローは営業キャッシュ・フローの範囲内であることが基本です。

ちなみに営業キャッシュ・フローから投資キャッシュ・フローを差し引いたものを、フリーキャッシュ・フローといいます。これはつまり企業が自由に使えるお金。身の丈に合った投資であればフリーキャッシュ・フローはプラスになりますが、無謀な投資をすればマイナスになり、手元にお金がない状態で倒産のリスクも高まります。

内訳はキャッシュ・フロー計算書でわかる

損益計算書では売上や利益を知ることができますが、実際の現預金の動きまでは把握できません。損益計算書では利益が出ていても、まだ代金を回収できていない可能性もあります。また、仕入れ代金はその商品を売らなければ費用になりませんから、在庫を抱えていればそれだけ手元のキャッシュが減っているかもしれません。

こうした実際の現預金の出入りを明らかにしたのがキャッシュ・フロー計算書です（P129参照）。

キャッシュ・フロー計算書は、「営業」「投資」「財務」の３つの面からお金の流れをつかみ、今手元に現預金をいくら持っているのかを一番下の金額で確

かめる、という構造になっています。「営業」「投資」「財務」の欄ごとに合計が出ていますが、決算短信の表紙に載っている金額はこの合計です。表紙でそれぞれのキャッシュの金額を見て、具体的な内容を知りたいときは、キャッシュ・フロー計算書で確認できるというわけです。

３つのキャッシュ・フローの中でも、営業キャッシュ・フローは本業の力を測るもので、営業キャッシュ・フローがプラスなら経営は順調であると判断できます。ただし、積極的に設備投資している企業は減価償却費が大きくなり、その結果、営業キャッシュ・フローが大きくなるというケースもあります。営業キャッシュ・フローが大きくても、それがビジネスで稼いだキャッシュでないような企業には注意しなければなりません。

速習コーナー⑤（P131）の繰り返しになりますが、建物や設備などを購入したお金は、一度に費用として計上することができません。ですから減価償却という方法を採り、一定の割合で損益計算書の費用として計上します。減価償却のポイントは、すでに支払いが済んだお金であることです。そうするとキャッシュ・フロー計算書はどうなるでしょうか。購入したときに購入金額分が投資キャッシュ・フローに計上され、その後は毎年、営業キャッシュ・フローを計算するために減価償却費を利益に足していくのです。これから費用に計上していく額と、支払いが済んだ額について、このような形で調整されるわけです。

ですから、営業活動によるキャッシュ・フローの中の「減価償却費」には注目してみるといいですよ。

なお第１～第３四半期短信では、キャッシュ・フロー計算書を開示しない企業もあります。その場合は、四半期報告書などから入手しましょう。

Coffee break♪

亮子先生の
会計エッセイ

会計士は決算書に太鼓判を押す人！

決算書とは一定の条件の基に作られた不完全な情報なので、経営者のさじ加減一つで数字が変わる可能性があるという危うさもあります。

そこで登場するのが、公認会計士です。公認会計士は企業で作られた決算書が、一定のルールに基づいて作られ、粉飾決算がないかどうかをチェックするのです。その業務を「監査」といいます。

「経営者がちゃんと経営しているか」とか、「この企業は良い企業か」とか、「社会的に意義のあるビジネスをしているか」とか、「儲かっているか」などは、監査の対象外。あくまでも、決算書がルール通りに作られ、大きな間違いがないかどうかをチェックしているのです。

そのため、極端な話、誰かが企業のお金を横領しようとも、経営者が自分の私腹を肥やしていようとも、それ自体を責めたり暴いたりはしません。その状態が決算書にきちんと反映されていれば、「適正である」という太鼓判を押します。

適正であるかどうかで、経営者と会計士がもめてしまうようなこともあります。そんな時は、太鼓判を押せなくなることもあり、経営者が会計士を交代させたりすることもあります。会計士には、経営者に決算書の修正を強制する権限がないので、どんな決算書になるのかは、経営者の判断に任せるしかないのです。

余談ですが、決算書をチェックするために、会計士はいろいろな作業をするんです。たとえば、「実査（じっさ）」。貸借対照表に記載された「現金」などが本当に存在しているか、企業の金庫の中にある現金を会計士が数えるのです。帯封がしてあるお札の束も、わざわざ帯封を取って数えます。何百万円も数えなくてはいけないときは、本当にドキドキしますよ！

自分のお金じゃないとわかっていても。

企業が銀行の貸金庫を利用しているような場合は、貸金庫にこもって作業することも。貸金庫は一度入ると作業が終わってきちんとカギを閉めるまでそこから出られません。窓もない地下室のような部屋に閉じ込められ、怖いような、ワクワクするような、不思議な感覚でした。

ほかには「確認（かくにん）」といった作業もあります。これは、監査している企業の取引先や銀行に対して、「この企業は御社とこれだけの取引をしていると言っていますが、本当ですか？」という書類を送って回答を受け取るという手法。書類作成から封入、投函、回収まで、原則として会計士が担当します。監査している企業に改ざんされないように。

確認によって粉飾が見つかることが意外とあるので、面白い（失礼！）作業です。一方で、あたかも取引先が回答してきたように筆跡を工夫したりして巧みに改ざんされることもあったりするので、なかなか難しい作業であることも事実です。

ほかにも、いろいろな手法で決算書をチェックしていきますが、ご興味のある方は拙著『監査論セレクト 50』をご覧ください（笑）

chapter

07

決算短信から
ビジネスモデルを推理する！

chapter-07

ネットビジネスの強みはどこにある？

この章のポイント

今まで学んだ利益や利益率、キャッシュ・フローの知識は、気になる会社のビジネスモデルを推理するのに役立ちます。

この章では、ＩＴ業界に颯爽と現れた謎（？）のキラ星、グリーのビジネスモデルを妄想してみましょう。

亮子先生の決算短信妄想術

これぞ究極の週末起業!?　グリーって一体……

ネットビジネスって本当に儲かるの？

サラリーマンとして働いていても、昇給なんて期待できない今日この頃。それなら他に少しでも稼ぐ手段はないものかと、空いた時間にアルバイトをしたり、空いた時間だけ自分のビジネスをしたりする、いわゆる週末起業をする人も最近は増えているようですね。

インターネットビジネスは、そんな週末起業家たちが手軽に始められるビジネスの代名詞。なんといっても元手があまりかからないため、大きなリスクがありません。特に、インターネットを利用して商品を通信販売する等ではなく、自分のブログやホームページで商品を紹介したり、アフィリエイト広告を貼ったりしてお金を受け取るのであれば、インターネット環境があればすぐにでも始めることができるでしょう。

とはいえ、本当に稼ごうとしたら、なかなかうまくいかないのも現実。そんな中で、ものすごい規模で実践した結果、世界の長者番付にも名を連ねた人がいます。それは、グリーの経営者である田中良和氏。インタビュー記事などを見ると、田中さんがグリーというSNSサイトを作ったときは、なんと会社員だったのだそうです。同じくインタビュー記事によれば、グリーはビジネスとして立ち上げたサイトではなかったようなのですが、株式会社化後数年で上場し、上場後もすごい勢いで成長しています。

そこでグリーの決算短信[64]の表紙を見たのですが、経営成績にびっくり！

売上高139億円で、前年比374％増⁉
営業利益83億円で、前年比696％増⁉

また同社のウェブサイトによれば、2009年12月現在の従業員数は118名とのことですから、1名あたり1億円を売り上げている状態というわけです。しかも、目を疑いたくなるような大幅増収増益です。上場直後とはいえ、1年で売上が約5倍、利益が約8倍になるなんて、いったいどれだけ急成長をしているか、想像ができません。

64）
次ページ参照。

グリーの決算短信の表紙

(財)財務会計基準機構会員

平成21年6月期 決算短信(非連結)

平成21年7月29日

上場会社名　グリー株式会社　　上場取引所　東
コード番号　3632　URL　http://gree.co.jp/
代表者　（役職名）代表取締役社長　（氏名）田中良和
問合せ先責任者（役職名）取締役　執行役員最高財務責任者 経営管理部長　（氏名）青柳直樹　TEL 03-3560-3823
定時株主総会開催予定日　平成21年9月29日　配当支払開始予定日　平成21年9月30日
有価証券報告書提出予定日　平成21年9月30日

（百万円未満切捨て）

1. 21年6月期の業績(平成20年7月1日～平成21年6月30日)

(1) 経営成績　（%表示は対前期増減率）

	売上高		営業利益		経常利益		当期純利益	
	百万円	%	百万円	%	百万円	%	百万円	%
21年6月期	13,945	374.7	8,361	696.4	8,328	692.2	4,467	666.9
20年6月期	2,937	807.9	1,049	—	1,051	—	582	—

	1株当たり当期純利益	潜在株式調整後1株当たり当期純利益	自己資本当期純利益率	総資産経常利益率	売上高営業利益率
	円 銭	円 銭	%	%	%
21年6月期	207.66	188.37	88.7	91.5	60.0
20年6月期	58,607.22	—	88.1	68.0	35.7

(参考) 持分法投資損益　21年6月期 —百万円　20年6月期 —百万円

(2) 財政状態

	総資産	純資産	自己資本比率	1株当たり純資産
	百万円	百万円	%	円 銭
21年6月期	15,619	9,122	58.4	407.64
20年6月期	2,582	952	36.9	95,834.97

(参考) 自己資本　21年6月期 9,122百万円　20年6月期 952百万円

(3) キャッシュ・フローの状況

	営業活動によるキャッシュ・フロー	投資活動によるキャッシュ・フロー	財務活動によるキャッシュ・フロー	現金及び現金同等物期末残高
	百万円	百万円	百万円	百万円
21年6月期	5,721	△85	3,665	10,594
20年6月期	1,061	△94	—	1,292

2. 配当の状況

	1株当たり配当金					配当金総額(年間)	配当性向	純資産配当率
(基準日)	第1四半期末	第2四半期末	第3四半期末	期末	年間			
	円 銭	円 銭	円 銭	円 銭	円 銭	百万円	%	%
20年6月期	—	0.00	—	0.00	0.00	—	—	—
21年6月期	—	0.00	—	5.00	5.00	111	2.4	2.2
22年6月期(予想)	—	—	—	—	—		—	

(注)21年6月期の配当金につきましては、「配当予想の修正(初配)に関するお知らせ」をご参照ください。
(注)22年6月期の配当金につきましては、現在未定です。開示が可能になった時点で速やかにお知らせ致します。

3. 22年6月期の業績予想(平成21年7月1日～平成22年6月30日)

（%表示は通期は対前期、第2四半期累計期間は対前年同四半期増減率）

	売上高		営業利益		経常利益		当期純利益		1株当たり当期純利益
	百万円	%	百万円	%	百万円	%	百万円	%	円 銭
第2四半期累計期間	11,000	124.9	5,600	73.1	5,600	74.9	3,000	74.9	67.03
通期	23,300	67.1	12,000	43.5	11,900	42.9	6,400	43.2	143.00

無料サービスの裏側

ここで私は根本的な疑問を持ちました。そもそも、グリーってどうやって儲けているのだろう、と。無料ゲー

ムの提供をしているだけであれば、コストばかりがかかり、売上には結びつかないはずなのです。

どんな商品も無料で提供することはできません。お金のやり取りをするかどうかはともかく、人間の活動には何かしらのコストがかかるものなのです。

そう考えると、無料サービスには気をつけなければなりません。「タダより怖いものはない」とはよく言ったものです。無料サービスと引き換えに、私たちは何かを取られているのかもしれないのです。

もちろん、無料サービスが悪い、と言いたいわけではありません。ただ、企業の提供する無料サービスの裏には、何かしらの思惑があるということです。ちなみにその思惑は、大きく３種類に分けられるようです。１つは、個人情報の取得という思惑。無料ということで登録を増やし、会員数を増やすというわけです。「メールアドレスは買ってでも欲しい」というくらい、個人情報は企業にとって大きな価値があります。潜在顧客を増やすための広告宣伝の一環と考えれば、安いものなのです。

２つ目は、有料サービスへの誘導という思惑。体験レッスンやお試しサービスといったものがその最たるものですね。無料の情報で興味を引いておいて「この先の情報は有料です」といったこともあります。

そしてもう一つが、広告収入を得るという思惑。無料の雑誌などは、その中に広告やタイアップ記事を載せることで、収入を得ていたりします。ウェブサイトでは、サイトの閲覧数が多ければ、そのサイトの広告枠が高く売れたりします。雑誌やサイトのユーザーに情報を届けたい人からお金を取って、ユーザーには無料で提供する、というわけですね。

この3つは、明確に線引きできるようなものではありませんが、いずれにしても、無料サービスは単なる慈善事業というわけではありません。

さまざまな企業努力の結果として「無料」や低価格のサービスが生まれるのは、消費者にとってありがたいこと。でも、反面、本当に無料でサービスを提供できることはなく、消費者はそのことを肝に銘じておくべきでしょう。

グリーは、決算短信によれば「広告メディア収入と、有料課金収入」によって売上があがっているとのこと[65)]。そして決算短信からはわかりませんが、有価証券報告書[66)]の「生産・受注及び販売の状況」というところに売上の内訳が掲載されていて、それによれば、広告メディア収入が約34億円、有料課金収入が約104億円となっています。つまり、売上の約75%が有料課金収入ということです。

グリーは無料ゲームやSNSを提供しているため、広告収入が主な収入源だろうと勝手に推測していたのですが、意外な結果に驚きました。

65)
決算短信の文章の部分を読むと、こういう業績になった原因や、今後の展望がわかります。

66)
さらに詳しい情報を知りたい時は「有価証券報告書」を見ます。上場企業はEDINETで見ることができます。

グリーの利益率から読み取れる「身軽さ」

ところで、売上や利益以上に、驚くべき数字が決算短信の表紙から読み取れます。それは驚異的な利益率！

自己資本当期純利益率 88.7%
総資産経常利益率 91.5%
売上高営業利益率 60.0%

となっているのです。

自己資本当期純利益率が88.7%ということは、100万円出資した株主に対して、88万7千円の利益をもたらしているということ。法人税を差し引いたあとで、年利88.7%という驚異的な数値をはじき出しているのです。

また、総資産経常利益率が91.5%ということは、この企業に100万円の資産を託せば、法人税を差し引く前ではありますが、91万5千円を稼ぎ出す力をもっているということ。さらに、売上高営業利益率が60.0%ということは、100万円の商品を売った場合、商品の原価や販売のための人件費などを差し引いても、60万円の利益が企業に残るというビジネスだということです。

平成21年3月期の全上場企業の平均値は、それぞれ、0.52%、2.66%、3.31%。自己資本当期純利益率や総資産経常利益率を10%以上に、という目標を掲げる企業も多いようです。売上高営業利益率にいたっては５%程度を目標に掲げる企業もあるようです。

つまり、いずれの利益率も10%を達成できれば好業績といえるわけです。グリーの利益率は突出していますね。

逆に考えれば、少ない資産、少ないコストで、高い利益を得ているというわけです。

仮に、3つの利益率の標準を10%だと仮定してみましょう。このとき、グリーの当期純利益である44億円を確保するためには、44億円÷10%で440億円の純資産となるのが標準、経常利益83億円を確保するためには83億円÷10%で、830億円の資産となるのが標準ということになります。

それに対して、実際のグリーの総資産は156億円、純資産は91億円[67]。グリーがとても小さな規模で経営されている、身軽な企業であることがわかりますよね。

67）
いずれもP160の決算短信の表紙に記載されています。

同様に、同じ営業利益を得るための標準的な売上と経費の構造を考えてみます。グリーの営業利益83億円を確保するためには、83億円÷10%で830億円の売上が必要ということになります。つまり、売上高830億円、経費747億円、営業利益83億円となるのが標準ということです。

それに対して実際のグリーは、売上高139億円、経費56億円、営業利益83億円となっていますから、少ない経費で経営されている、身軽な企業であることがわかりますよね。

グリーは、標準的な企業と比較して、5分の1程度の資産と13分の1程度のランニングコストで運営できているというわけです。

ネット企業は皆、身軽なのか？

グリーの身軽さを考えると、インターネットによる起業は小さな元手でランニングコストも少なくてできるビジネスといえそうです。

ちなみに、SNS運営企業のミクシィは、自己資本当期純利益率16.0％、総資産経常利益率26.9％、売上高当期純利益率31.3％。

モバゲータウンやオークションサイトなどを展開するディー・エヌ・エーは、それぞれ、36.1％、45.9％、42.1％。

アメブロを展開するサイバーエージェントは、それぞれ5.1％、6.7％、4.8％と少し低めですが、全体的には、インターネット関連企業の利益率の高さ、つまり資産や経費の低さが見えてくるでしょう。

資産が少なくてもいいということは、元手が少なくてもいいということ。ランニングコストが低くてもいいということは、維持しやすいということ。他業種と比較すると、お金の面で身軽なビジネスであると考えられます。週末起業としてネットビジネスを考える人が多いのもうなずけます。

一方で、グリーの成功の裏には、儲けるためではなく人の役に立つサービスを提供しよう、という創業者である田中氏のたゆまぬ努力があったようです。手軽に始められることと儲けられるかどうかが別問題であることは言うまでもありません。

株式上場による変化

グリーは、平成20年の12月に上場をしました。そのため、21年6月期の決算には、上場による影響が表れています。

上場とは、株式市場で株を売買できるようにするということです。上場に合わせて増資をしますし、知名度も上がります。

上場のメリット・デメリット

上場のメリット	上場のデメリット
知名度が上がる	情報公開が必要になる
信用度が上がる	事務作業が増加し費用もかかる
資金調達がしやすくなる	株の買占めなどのリスクがある

まず、増資によってお金が増えますが、それが、決算短信の表紙にも表れています。「キャッシュ・フローの状況」の中の「財務活動によるキャッシュ・フロー3,665百万円」[68] がそれです。

68)
P160の決算短信の表紙にありますね。

財務活動によるキャッシュ・フローには、資金調達と返済に関する収支が計上されます。多くの場合、借入をした場合の収入と返済の場合の支出が計上されるのですが、増資[69] をした場合の収入や自己株式（自社の株）を購入した際の支出も、財務活動によるキャッシュ・フローに計上されるのです。

69) 増資
増資とは新たに株を発行して、それを誰かに買ってもらうことで、資金を調達すること。

決算短信の表紙にある財務活動によるキャッシュ・フローの増加が増資によるものか借入によるものかは、決

グリーのキャッシュ・フロー計算書

（4）キャッシュ・フロー計算書

（単位：千円）

	前事業年度 （自　平成19年7月1日 至　平成20年6月30日）	当事業年度 （自　平成20年7月1日 至　平成21年6月30日）
営業活動によるキャッシュ・フロー		
税引前当期純利益	1,024,283	8,328,548
減価償却費	7,230	20,912
貸倒引当金の増減額（△は減少）	72,718	85,514
受取利息及び受取配当金	△700	△2,272
株式交付費	—	26,579
株式公開費用	—	9,741
売上債権の増減額（△は増加）	△764,826	△2,925,358
未収入金の増減額（△は増加）	△133,006	△327,511
未払金の増減額（△は減少）	762,630	1,087,646
未払消費税等の増減額（△は減少）	68,797	332,595
その他	24,727	28,135
小計	1,061,855	6,664,532
利息及び配当金の受取額	700	2,272
法人税等の支払額	△670	△945,533
法人税等の還付額	—	573
営業活動によるキャッシュ・フロー	1,061,885	5,721,844
投資活動によるキャッシュ・フロー		
有形固定資産の取得による支出	△35,054	△44,533
敷金の差入による支出	△91,958	△31,328
敷金の回収による収入	36,092	—
その他	△3,330	△9,248
投資活動によるキャッシュ・フロー	△94,251	△85,111
財務活動によるキャッシュ・フロー		
株式の発行による収入	—	3,675,186
その他	—	△9,741
財務活動によるキャッシュ・フロー	—	3,665,445
現金及び現金同等物の増減額（△は減少）	967,634	9,302,178
現金及び現金同等物の期首残高	324,757	1,292,391
現金及び現金同等物の期末残高	※1　1,292,391	※1　10,594,570

算短信をめくっていったところにあるキャッシュ・フロー計算書を見ればわかります。キャッシュ・フロー計算書を見ると、財務活動によるキャッシュ・フローに「株式の発行による収入3,675,186千円」と計上されていますから、これがおそらく上場に関連した増資による収入だと考えられるわけです。

このようにして集められた資金は、経営の規模を拡大するために使われます。具体的には、①設備投資資金、

②業務拡大のための日常的な運転資金、のいずれかとして使用されることがほとんど。経営の苦しい企業が、増資によって集めた資金を借金の返済に使う、というケースもありますけれどね。

まず、設備投資をした場合、同じキャッシュ・フロー計算書の「投資活動によるキャッシュ・フロー」に何かしらの支出が表れてきます。しかし、グリーの場合は投資活動によるキャッシュ・フロー計算書を見ても、前年と大きな違いはなく、特別な設備投資は見られません(P167)。

グリーの損益計算書

(2) 損益計算書

(単位：千円)

	前事業年度 (自 平成19年7月1日 至 平成20年6月30日)	当事業年度 (自 平成20年7月1日 至 平成21年6月30日)
売上高	2,937,485	13,945,363
売上原価	529,865	1,089,241
売上総利益	2,407,620	12,856,122
販売費及び一般管理費	※1 1,357,737	※1 4,494,765
営業利益	1,049,882	8,361,356
営業外収益		
受取利息	700	2,272
受取手数料	670	1,241
その他	7	2
営業外収益合計	1,378	3,517
営業外費用		
株式交付費	―	26,579
株式公開費用	―	9,741
為替差損	4	―
その他	―	4
営業外費用合計	4	36,325
経常利益	1,051,256	8,328,548
特別損失		
本社移転費用	※2 26,972	―
特別損失合計	26,972	―
税引前当期純利益	1,024,283	8,328,548
法人税、住民税及び事業税	630,158	4,310,734
法人税等調整額	△188,430	△449,902
法人税等合計	441,728	3,860,832
当期純利益	582,555	4,467,716

次に、増資により得たお金を設備投資にではなく、日常の運転資金として使ったのであれば、損益計算書の「販売費及び一般管理費」の増加としてあらわれる可能性が高くなります。そこで損益計算書を見てみると、平成20年6月期と比較して、約30億円増加しています。おそらく、増資によって得た資金を経費として利用したのでしょう。

販売費及び一般管理費の具体的な内容は、注記されています。グリーの販売費及び一般管理費のほとんどは、「広告宣伝費」と「支払手数料」。この2つのコスト増加が約30億円になっています。

損益計算書の注記

（損益計算書関係）

前事業年度 （自　平成19年７月１日 至　平成20年６月30日）	当事業年度 （自　平成20年７月１日 至　平成21年６月30日）
※１　販売費及び一般管理費のうち、販売費に属する費用のおおよその割合は74%、一般管理費に属する費用のおおよその割合は26%であります。 なお、主要な費目及び金額は次の通りであります。 広告宣伝費　603,530千円 支払手数料　191,871千円 貸倒引当金繰入額　73,167千円 給与手当　132,026千円	※１　販売費及び一般管理費のうち、販売費に属する費用のおおよその割合は83%、一般管理費に属する費用のおおよその割合は17%であります。 なお、主要な費目及び金額は次の通りであります。 広告宣伝費　2,031,111千円 支払手数料　1,197,365千円 貸倒引当金繰入額　158,681千円 給与手当　270,476千円
※２　本社移転費用については、原状回復費用、移転作業費用及び固定資産除却損等であります。 なお、本社移転費用に含めている固定資産除却損の内訳は以下の通りであります。 建物　6,918千円 工具、器具及び備品　1,615千円	―――――

そう言われてみれば、テレビCMをよくみかけるようになりましたよね？

支払手数料については、具体的に何の手数料であるかはわかりませんが、振込手数料や仲介手数料、代行手数料といったものが集計されているものと思われます。

一方で、給与の増加は２倍程度で金額的にも広告宣伝費などと比べると非常に小さくなっています。一般的には、家賃と人件費が企業の２大経費といわれているのですが、ここにインターネットビジネスの特徴が表れているといえそうです。

そして、これらのコストの増加以上に、売上が増加し、利益が増加しています。結局、上場によって資金を得たことが、売上の増加、利益の増加に結びついている、というわけです。

上場すれば企業経営がうまくいく、というわけではありませんが、上場が企業に大きな変化をもたらすことは間違いありません。

いずれにしても、これだけ大きく成長しているグリーの今後を気にせずにはいられません!!

決算短信速習コーナー⑦

企業の特徴がパッとわかる「キャッシュベクトル」

キャッシュベクトルで企業のカタチを一発判断！

速習コーナー⑥で解説したキャッシュ・フローは、「営業キャッシュ・フロー」「投資キャッシュ・フロー」「財務キャッシュ・フロー」のそれぞれを個別に見ていくだけでなく、この３つが良いバランス関係にあるかどうかをチェックすることも重要です。

そこで、３つのキャッシュ・フローのバランスを見るときに便利な「平林流キャッシュベクトル」をご紹介します。お金の流れをベクトルのカタチでとらえることで、よりイメージしやすくなると思います。

成り立ちはいたってシンプルです。キャッシュ・フローがプラスならベクトルは上を向き、マイナスなら下を向きます。ベクトルの向きで、お金が増えた、お金が減った、と確認していくのです。

十分に利益が出ている企業は、営業キャッシュ・フローがプラスになります。その資金を使って投資をすると、投資キャッシュ・フローがマイナスになり、さらに借金を返すと財務キャッシュ・フローがマイナスになります。この

優良企業の基本型は「への字型」（図１）

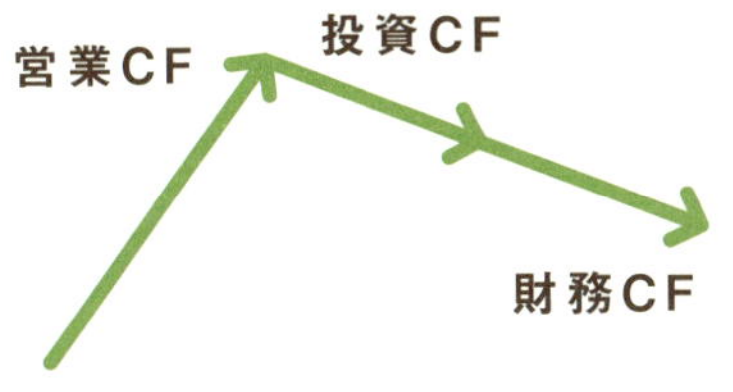

営業CF、投資CF、財務CFの3つを足したものが、プラスになるのが理想

「への字型」が、優良企業の基本形（図１）。

金額だけを見るよりも、ベクトルに置き換えると「この企業のカタチは◎！」といった判断が明確にできるようになるので、ぜひ活用してください。

特徴的なパターンを覚えよう！

この優良企業の基本形以外にも特徴的なパターンがいくつかありますので、次ページの図２を参考にチェックしていきましょう！

・優良企業の基本形

前ページの図１がこれです。十分にキャッシュを稼ぎ（営業ＣＦ＋）、その資金で投資し（投資ＣＦ－）、さらに借金を減らした（財務ＣＦ－）ことを表しています。

・事業が拡大期にあると「Ｎ字型」

本業で稼いではいるけれど（営業ＣＦ＋）、事業を拡大するために大きな投資を行い（投資ＣＦ－）、そのための資金を借り入れて（財務ＣＦ＋）補った状態です。

・事業が縮小期にあると「逆への字型」

本業でキャッシュを稼ぎ（営業ＣＦ＋）、事業縮小のため設備などを売却してキャッシュが入り（投資ＣＦ＋）、そのお金で借金などを返済した（財務ＣＦ－）形です。

・事業が衰退期にあると「逆Ｎ字型」

本業でキャッシュが稼げなくなり（営業ＣＦ－）、事業縮小のため設備などを売却して収入を得て（投資ＣＦ＋）、そのお金で借金などを返済する（財務ＣＦ－）というパターンです。

・倒産リスクの高い状態は「チェックマーク型」

本業でキャッシュが稼げなくなり（営業ＣＦ－）、不動産や株を売って資金を調達し（投資ＣＦ＋）、それでも足りずに借金した（財務ＣＦ＋）などが考えられます。

・倒産リスクの高い状態は「レ点型」

第５章で取り上げたアーバンコーポレイションがこの形です。本業でキャッシュが稼げないけれど（営業ＣＦ－）、物件を購入するなど投資は増やし（投資ＣＦ－）、その資金は借金でまかなっている（財務ＣＦ＋）、という状態です。

もちろん、借金や返済の出入りを表す財務キャッシュ・フローがプラスであっても、資金を調達した理由が事業拡大のためか、赤字の補てんなのかによって評価も大きく変わってきますから、カタチで概略を推測した後は、それぞれの企業ごとに判断していく必要があります。

基本のキャッシュベクトルを覚えよう（図２）

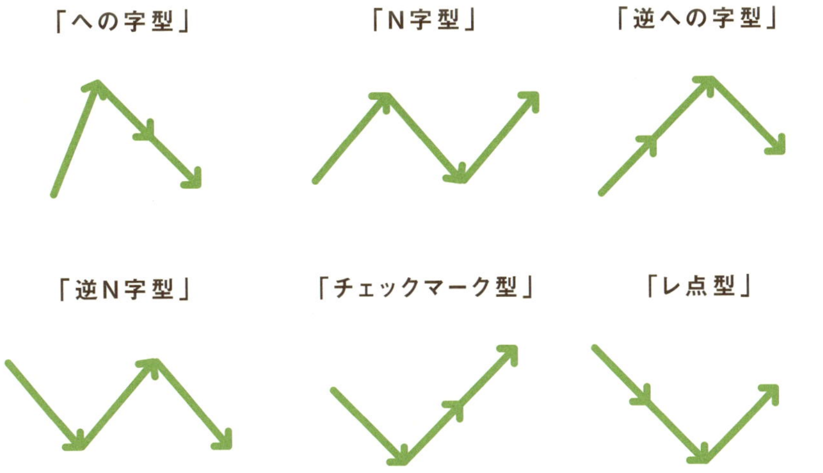

Coffee break♪

亮子先生の
会計エッセイ

コンサルティングの原点も決算書発想にあります

「ベターな取引を組み立てる」。実はこれが、私自身がベンチャー企業の経営コンサルタントとして、企業と一緒に考えている最たるものです。

会社を設立する際に出資や役員をどうすべきか、設備投資をすべきか、するとしたら何にいくらすればいいのか、商品やサービスはいくらで売ればいいのか、資金調達は銀行借り入れがいいのか株式の発行がいいのか、一括で支払ったほうがいいのか毎月支払う方がベターなのか、新しい取引は誰がどのタイミングでお金を受け取るべきなのか……。

ベンチャー企業の毎日は、試行錯誤の連続です。商品をいくらで販売すればいいのか、従業員に給料をいくら払えばいいのか、大きな企業では簡単に決められそうなこと、すでに決まっているようなことを、ベンチャー企業は判断し決定していかなくてはなりません。

しかも、判断を一つ間違えると大変です。損失が出てしまったら、それを支えるだけの体力がありません。なんとかしようとしても、「やっぱりそんなに給料払えないから、来月から半分ね♪」なんてことは、許されませんよね。「100円では儲からないことがわかったから、明日から120円で買って！」とお願いしても、法律上は許されますが、取引先は受け入れてはくれないでしょう！　大手の企業であれば、値上げをしても受け入れられる可能性はありますが、ベンチャー企業はよほどの強みがないと難しいでしょうね。

そのため、できる限り総合的に情報を整理し、取引方法や金額を考えなくてはならないのです。ベンチャー企業の中で生じるありとあらゆる取引について、いわゆる「スキーム」を作る作業をしています。

スキーム作りは、いくつかの取引を、貸借対照表、損益計算書、キャッシュ・フロー計算書上でどうなるか、シミュレーションというか、イメージすることから始まります。そのとき、節税効果が高いものだったり、取引がしやすいものだったり、その時々で何を大切にするか、目的に合わせて、より良いスキームを選んだり、構築していく、というわけです。

それに付随して、そもそも、会社を設立するときには、何月決算にしたらいいか、資本金はいくらにすべきか、給与はいくらにすべきか、各種契約の内容はどうしたらいいか、書類はどう作るか、といったところまでサポートしています。

取引スキームというほどではないですが、たとえば、こんなことがあります。

とあるクライアントさんでまとまった資金が必要になりました。資金調達の手段はいくつかありますが、まずはそのメリット・デメリットから、何を選択すべきかを経営者さんと一緒に考えるのです。

そして結局「少人数私募債」という社債を発行するという手段を採用しました。これは、中小企業が社債という名の契約によって一般の人からお金を借りる方法です。中小企業側は、貸してくれた人に利息を支払い、期限がきたら全額返金します。

通常、３年から５年の元本据え置きとなるので、企業としてはその間、返済に追われることなくビジネスに打ち込むことができます。一方で、それだけお金を借り続けるわけですから、その分、利息が高くなるのが一般的です。その意味で企業にお金を貸す側にもメリットがあるわけです。

しかも、個人が少人数私募債によって企業にお金を貸した場合、その利息にかかる税金は20％源泉分離課税。所得税の累進課税に関係なく、20％の税金を支払ったらそれでいいのです。

少人数私募債であれば、お金を貸す側にも高金利かつ税率は低い、というメリットがあるのです。

逆に、「誰」にいくらのお金を出してもらうかでそれぞれの利益が大きく異なってくる可能性もあるというわけ。そういったメリット・デメリットを整理し、上手に利用できるよう、手法の選択から全体の具体的なスキームを作ったりしているのです。

少人数私募債は、ここでお話できるような単純な例ですが、そのほかにも「誰が主体となって取引するのか」に気をつけるだけで、取引のしやすさや税金のことなどが大きく変わる可能性もあります。決算書を利用したシミュレーションによって、より良い取引が見えてくるのです。

決算書は、取引を総合的に、しかも何年も何十年も先のことまで整理できる、便利なツールなのです。

chapter

08

知識を総動員して
決算書を味わおう！

chapter-08

派手さはなくても
いいなと思える決算書

この章のポイント

みなさんは、好きな決算書ってありますか？　……って突然マニアックな質問をしてごめんなさい。実は私にはあります！　仕事でプライベートで、たくさんの決算書を見ていると、「これは好みだなあ～」という決算書と出会うことがあるのです。

最後のこの章では、私好みの決算書を紹介します。本書で得た知識をフル活用して、決算書を味わってください。

亮子先生の決算短信妄想術

思わずうっとりするような「渋い」決算書とは

決算書が醸し出す
雰囲気を味わう

渋い決算書が大好きです。業績が悪い決算書のことではありません。ちょっと地味で、堅実な雰囲気の漂う決算書が好きなのです。

どんな決算書かって？

景気に左右されずに安定した業績を残していて、利益率が高すぎず、無茶な拡大戦略を採ったりしていない、そんな決算書を私は「渋い」と感じます。

それはたとえば、主役のような華やかさはないけれど、どんな役柄でもきちんとこなす実力派俳優さんのようなイメージ。それはたとえば、デザインは無骨なのに頑丈で機能の良い電化製品のようなイメージ。

そういう雰囲気の渋い決算書が大好きなのです。

京成電鉄の決算短信の表紙

(財)財務会計基準機構会員

KEISEI GROUP

平成21年3月期 決算短信

平成21年5月12日

上場会社名　京成電鉄株式会社　　　上場取引所　東
コード番号　9009　URL http://www.keisei.co.jp/
代表者　（役職名）代表取締役社長　（氏名）花田　力
問合せ先責任者　（役職名）経理部連結・受託課長　（氏名）小林　渉　TEL 03-3621-2285
定時株主総会開催予定日　平成21年6月26日　配当支払開始予定日　平成21年6月29日
有価証券報告書提出予定日　平成21年6月26日

（百万円未満切捨て）

1. 21年3月期の連結業績（平成20年4月1日～平成21年3月31日）

(1) 連結経営成績　（%表示は対前期増減率）

	売上高		営業利益		経常利益		当期純利益	
	百万円	%	百万円	%	百万円	%	百万円	%
21年3月期	233,159	△2.5	23,033	△2.3	20,702	1.6	8,990	△25.8
20年3月期	239,131	0.7	23,577	2.0	20,383	4.7	12,120	4.0

	1株当たり当期純利益	潜在株式調整後1株当たり当期純利益	自己資本当期純利益率	総資産経常利益率	売上高営業利益率
	円 銭	円 銭	%	%	%
21年3月期	26.52	—	5.9	2.9	9.9
20年3月期	35.78	—	8.4	2.9	9.9

（参考）持分法投資損益　21年3月期　4,663百万円　20年3月期　4,664百万円

(2) 連結財政状態

	総資産	純資産	自己資本比率	1株当たり純資産
	百万円	百万円	%	円 銭
21年3月期	726,059	160,341	21.3	456.10
20年3月期	709,893	151,299	20.9	437.80

（参考）自己資本　21年3月期　154,397百万円　20年3月期　148,347百万円

(3) 連結キャッシュ・フローの状況

	営業活動によるキャッシュ・フロー	投資活動によるキャッシュ・フロー	財務活動によるキャッシュ・フロー	現金及び現金同等物期末残高
	百万円	百万円	百万円	百万円
21年3月期	28,128	△7,652	△24,664	23,614
20年3月期	36,336	△17,058	△15,817	27,799

2. 配当の状況

	1株当たり配当金					配当金総額（年間）	配当性向（連結）	純資産配当率（連結）
（基準日）	第1四半期末	第2四半期末	第3四半期末	期末	年間			
	円 銭	円 銭	円 銭	円 銭	円 銭	百万円	%	%
20年3月期	—	2.50	—	3.00	5.50	1,896	15.4	1.3
21年3月期	—	2.50	—	3.00	5.50	1,896	20.7	1.2
22年3月期（予想）	—	2.50	—	3.50	6.00		15.7	

（注）21年3月期期末配当金の内訳　特別配当0円50銭

3. 22年3月期の連結業績予想（平成21年4月1日～平成22年3月31日）

（%表示は通期は対前期、第2四半期連結累計期間は対前年同四半期増減率）

	売上高		営業利益		経常利益		当期純利益		1株当たり当期純利益
	百万円	%	百万円	%	百万円	%	百万円	%	円 銭
第2四半期連結累計期間	126,200	10.7	12,800	1.9	11,400	△0.8	7,100	59.9	20.97
通期	252,600	8.3	23,800	3.3	21,400	3.4	12,900	43.5	38.11

最近見た決算書で「渋い！」と感じたのは、京成電鉄。まず何に渋さを感じたのかといえば、売上や利益、利益率といった、「業績」に大きな変動がないことです。

20年3月期はその前の期と比較して、売上高は0.7%増、営業利益は2%増、経常利益は4.7%増、当期純利益は4%増、といずれも数%の範囲。21年3月期も、当期純利益は25.8%減と大きく下落しているものの、そのほかは20年3月期と比較して数%の増減にとどまっています[70]。

21年3月期といえば、世界同時不況の影響が出始めた時[71]。世界的に有名な日本企業であるトヨタの売上さえも20%以上ダウンし、赤字転落をしたような1年でした。そのような状況においても、京成電鉄の売上高は2.5%減にとどまり、当期純利益は大きく下落しつつも損失とならずに利益を計上しています。

「トヨタと違って国内だけを相手にしている企業だからじゃないの？」と片付けてしまうのは短絡的です。21年3月期の全上場企業の売上は、平均すると6%減。営業利益は49%減、経常利益は58%減、当期純利益は94%減なのです。

売上や利益の増減だけではありません。3つの利益率のうち、売上高営業利益率と総資産経常利益率は、2年連続同じパーセンテージ！　当期純利益の額が大きく変動した関係で自己資本当期純利益率は異なっていますが、数字上、京成電鉄は非常に業績が安定している企業だといえるでしょう。

70）
前ページの決算短信の表紙の囲み参照。

71）
20年9月がリーマンショックなので、21年3月期の決算は業績の悪い企業も少なくありませんでした。

時代に左右されることなく安定した業績を残せる手堅さ。そうした企業姿勢まで垣間見えてきて「渋くてかっこいい決算書だな」、ひいては「かっこいい企業だな」などと思ってしまうのです。

経常利益と当期純利益の行間を読む

ただし、業績が安定しているだけに、当期純利益の減少は気になりますね。もちろん、各種利益が同割合で増減しなければいけないわけではありませんが、ほかと違う動きをしている利益があったら、チェックしてみるといいでしょう。

特に、当期純利益が気になる、という場合には、面白い情報が得られる可能性があります。当期純利益は経常利益に特別利益を加え特別損失と法人税等を差し引いて計算しますから、当期純利益の額はそれらの影響で変化するのです。

ここで、特別利益と特別損失とは、その名の通り特別な利益や損失。たとえば機械や設備を売却した場合、値段によって儲かったり損をしたりしますが、それは売上や売上原価ではなく、特別利益や特別損失に計上されます。また、天災による損失やリストラに伴う特別な退職金や損害賠償など、臨時で巨額の損失は「特別損失」となります。

京成電鉄のように当期純利益だけが大幅に減少しているということは、何か特別な損失が生じた可能性があるというわけ。そこで、損益計算書の特別損失をチェック

京成電鉄の損益計算書

(2)連結損益計算書

（単位：百万円）

	前連結会計年度 （自　平成19年４月１日 至　平成20年３月31日）	当連結会計年度 （自　平成20年４月１日 至　平成21年３月31日）
営業収益	239, 131	233, 159
営業費		
運輸業等営業費及び売上原価	177, 323	171, 894
販売費及び一般管理費	38, 230	38, 231
営業費合計	215, 554	210, 126
営業利益	23, 577	23, 033
営業外収益		
受取利息	421	392
受取配当金	159	135
持分法による投資利益	4, 664	4, 663
受託工事事務費戻入	279	296
雑収入	1, 412	1, 272
営業外収益合計	6, 936	6, 761
営業外費用		
支払利息	8, 496	7, 813
雑支出	1, 634	1, 278
営業外費用合計	10, 130	9, 091
経常利益	20, 383	20, 702
特別利益		
固定資産売却益	794	100
持分変動利益	－	4, 772
投資有価証券売却益	25	－
工事負担金等受入額	6, 906	4, 334
その他	55	17
特別利益合計	7, 781	9, 224
特別損失		
固定資産除却損	690	545
固定資産圧縮損	6, 735	4, 407
固定資産売却損	73	210
投資有価証券売却損	1	－
投資有価証券評価損	224	977
たな卸資産評価損	－	3, 782
減損損失	453	3, 309
その他	192	260
特別損失合計	8, 371	13, 493
税金等調整前当期純利益	19, 793	16, 434
法人税、住民税及び事業税	7, 008	7, 850
法人税等調整額	416	△564
法人税等合計	7, 425	7, 286
少数株主利益	247	157
当期純利益	12, 120	8, 990

してみました。

　すると、20年３月期と比較して、大きな損失となっている項目を発見！「たな卸資産評価損」と「減損損失」がそれぞれ、3,782百万円、3,309百万円と多額になっていることがわかります。

　特に「たな卸資産評価損」については、20年３月期は「—」となっているため、20年3月期には発生していなかったことがわかります。たな卸資産評価損とは、たな卸資産の時価が下がった際に計上する損失。たな卸資産とは、一言で言えば商品の在庫を意味しますが、その商品在庫の価値の下落分を「たな卸資産評価損」として計上するのです。

この処理は、21年3月期より導入された制度です。以前は、商品の時価が著しく下落した場合を除き、原則として購入時の金額で計上し、時価評価をすることはありませんでした。それが、時価が下落した場合は評価損を計上するように制度が変わったのです。

ちなみに、このような会計制度の変化については、通常、決算書の後ろに説明が記されているはずです。

注記の説明によれば、会計制度が変わったことにより、税金等を調整する前の当期純利益が4,159百万円減少したとあります。逆に言えば、会計制度が変わらなければ、税引前の当期純利益は4,159百万円多かったはずであり、21年3月期も前年と同水準の業績を確保できていたかもしれないと考えることができるのです。

つまり、21年3月期の当期純利益が減少した大きな理由は、新しい会計制度が導入されたからであり、ビジネスの内容が変わったわけでもなければ、企業の努力が足りなかったわけでもないといえそうです。

今後は毎年、商品の価値の下落分をたな卸資産評価損として処理することになりますが、制度を導入した当初はその影響が大きく出てきます。今まで抱えてきた含み損を、21年3月期に一気に処理しますからね。その後は1年ごとの変化を処理すればよくなります。

このように、特別利益や特別損失には、その年限定の特別な事情が存在している可能性があることから、当期純利益の数字だけを見て「業績が悪くなった」と考えるのは危険なのです。今回のケースでは会計処理が変わったことが主な原因ですから。

決算書を見る立場では、数字の変化が、経営状況の変化によるものなのか、会計制度の変化によるものなのかを知っておかなければ、判断を誤るでしょう。

一方で、企業経営者としては、決算書の見栄えが悪くならないようにするためにも、制度に合わせた経営を求められる可能性があります。たとえば、たな卸資産評価損を計上しなければならなくなった今、在庫をできるだけ持たない経営戦略を今まで以上に重視するといった変化が出てくるかもしれません。このように、近年では、会計は単なる企業経営の記録方法ではなく、経営をも左右する力を持っているといわれるようになりました。

余談ですが、このように、決算書から色々なことが読み取れるようになると、経営についても深く理解できるようになることが、会計を勉強する意義であるといえるでしょう。会計自体は経済取引を記録する方法であり、決算書はその結果を集計したもの。ですから、会計を勉強しても経営そのものがわかるとは限りませんが、経営を考えるための一つの視点にはなります。

なお、減損損失は、建物など固定資産に関して、価値が大幅に下落した際にその下落分を計上するもの。厳密には「価値の下落」ではなく「不動産の収益性の低下云々……」なのですが、それもまた書籍一冊分になりそうなので深入りせずにいきますね。不動産の価格が下落した年は、減損損失の額が大きくなる可能性があり、21年3月期はまさにその影響が出ていると考えられるでしょう。

高すぎない利益率にみる安心感

京成電鉄の「渋さ」に話を戻しますが、高すぎない利益率にも堅実さを感じます。

京成電鉄の売上高営業利益率は20年3月期も21年3月期も9.9%。きちんと稼いでいるけれど、稼ぎすぎていないちょうどよい目安は10%です。明確な根拠はありませんが、さまざまな企業の決算書を見たり、さまざまな企業をサポートしたりしてきた感触から、10%を目安としていただいて間違いないと思います。

これを大幅に超えると、儲けすぎの可能性があります。「利益率は高ければ高いほどいいのでは？」と考える人もいるかもしれませんが、話はそう単純ではありません。なぜなら、利益は、「売上－経費」ですから。差し引かれる経費とは、つまり、取引先への支払いであったり従業員への給料であったりします。結局、「高すぎる利益率」は「給料が低すぎる」であるとか、「取引先を締め付けすぎる」であるといった歪みが原因となっている可能性があるのです。

京成電鉄の総資産経常利益率は、20年3月期も21年3月期も2.9%。安定感は抜群です。全上場企業の平均は20年3月期には6.2%、21年3月期には2.6%ですから、正直に言えば、もう少し高いといいのにな、と思いますが、鉄道会社であるための難しさもあるのです。

総資産経常利益率は、「経常利益÷総資産」ですから、資産が少なければ利益率は高くなります。しかし、京成電鉄は、業種柄、どうしても土地などの固定資産が多額になってしまうのです。

固定資産とは商品のように販売する財産ではなく、土地や建物、機械のように、企業経営のために長く利用する財産のことでしたね。京成電鉄の貸借対照表の固定資産を見てみると[72]、「建物及び構築物」が268,583百万円、「土地」が135,872百万円と目立っています。なお、構築物というのは、駐車場の舗装や線路の枕木など、更地の上に加工された設備のことですから、「なるほど」とうなずけますよね。

単に総資産経常利益率を上げるだけであれば、こうした固定資産を売却したのち賃借するといった手法なども考えられます。こうすれば、貸借対照表の資産が減少するため、利益率は大きくなりますね。実際、「持たざる経営」「資産の圧縮」と称し、貸借対照表のスリム化が流行った時期もありました。ただし、現在の会計制度では、賃貸借（リースなど）にしても資産が減少するとは限らない場合がありますので注意が必要です。

いずれにしても、京成電鉄は鉄道会社として設備を持つ必要があるのと同時に、意味もなく利益率を上げる手段を用いたりしていないのだろうと想像できるわけです。

72)
ここでは貸借対照表の掲載は省略しました。京成電鉄のホームページのIRページから決算短信がダウンロードできますので、チェックしてみてください。

自己資本当期純利益率も同じです。計算式は「当期純利益÷自己資本」なので、分母である自己資本が小さければ自己資本当期純利益率は高くなります。つまり、負債過多となった結果、自己資本当期純利益率が高くなるという可能性もあるということ。自己資本当期純利益率が10％を超えているけれど、自己資本比率が20％を切っていた、という場合は要注意。儲けている、というよりは、負債が多い、という可能性が高いのです。

企業ですから、儲けは大切。でも、過度な利益は、どこかに歪みを生じさせるもの。安定した高すぎない利益率を継続してはじき出せる企業というのは、本当にすごいと思います。

自己資本比率が低い理由を探る

財政状態も、20年3月期と21年3月期で大きな変化が見られないという点では安定感を感じますね。ただ、自己資本比率が20％程度というのは少し低く、もう少し高い方が望ましいと思います。

実は一般的に、鉄道会社は自己資本比率が低くなる傾向があります。その秘密は、貸借対照表にあります。

貸借対照表の負債の部を見ると、「借入金」以外に多額である項目として「前受金」という項目があります。定期代や電子マネーのチャージ分など、事前に受け取っている代金は、「前受金」として負債に計上されるのです。そのため、負債が大きくなり自己資本比率が下がる傾向があります。

ただし、実際に電車を利用されたら、それを売上に充当していくので、基本的には返済の必要のあるお金ではありません。

負債の部には、お金の流れからざっくりと考えると、２つの数字が計上されます。１つは借金、すなわち今後返済しなければならない金額です。もう１つは、売上代金の前受け分、すなわち基本的に返済する必要はなく、売上に充当されていく金額です。

英会話スクールなどでも同様の取引をしていましたが、鉄道料金は日常的にチャージと利用を繰り返しますから、京成電鉄の前受金は負債といえども危険性は低いでしょう。

前受金の58,689百万円を負債から除いて考えてみれば、自己資本比率は30％に近くなりますから、決算短信の表紙に記された水準よりは安定性が高いといえそうです。

理想的な
キャッシュベクトル

最後にもう一つ、京成電鉄の手堅さを感じる部分を見ておきましょう。それは、キャッシュ・フローです。京成電鉄は、20年３月期も21年３月期も、営業活動によるキャッシュ・フローがプラス（収入）、投資活動によるキャッシュ・フローがマイナス（支出）、財務活動によるキャッシュ・フローがマイナス（支出）という優良企業の基本形になっています[73]。

さらに付け加えれば、営業活動によるキャッシュ・フ

73)
キャッシュベクトルについては速習コーナー⑦で解説しています。

理想的な「へ」の字型のキャッシュベクトル

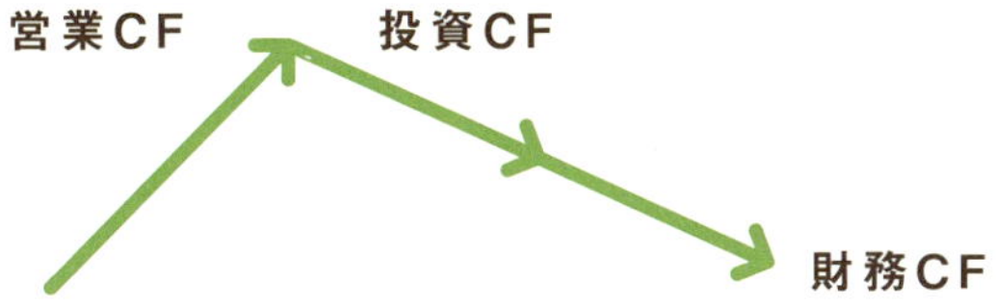

ローのプラスの範囲内で、投資と財務のマイナスを賄うのが理想です。給料（営業活動よるキャッシュ・フロー）の範囲内で生活し、ローンを組むことなく家電を買い（投資活動によるキャッシュ・フロー）、住宅ローンの返済をした（財務活動によるキャッシュ・フロー）上で、まだお金が残って預金できるような状態にあることが理想だというわけです。

この点、20年3月期は何もかも理想的。21年3月期も、ほぼ完璧な理想形であり、ここからも、手堅さを感じてしまうのです。

時代に流されることなく、安定した業績を作り出す。新聞紙上などを飾るような華々しい結果ではないけれど、誰も見ていなくても常に合格点が取れるよう手堅くビジネスを続けている。

抜群の安定感。
儲けるけれど儲けすぎない。
無理な拡大はしない。

こういう渋い決算書そのものも大好きですし、その堅実な企業のことも応援したくもなるのです。

決算短信速習コーナー⑧

「配当」は稼いだお金を還元する制度

企業の利益は株主のもの

「配当金」は、株を持っている人には馴染みのある言葉ですね。企業は、利益の一部を株主に分配します。これを配当といい、いつと決まっているわけではありませんが、通常は年１～２回、決算期に合わせて配当の有無と金額が決まります。

配当は、出している企業と出していない企業がありますが、配当の有無が直接企業の評価につながるわけではありません。一般的に、成熟期にある企業は、事業も安定しているので利益を配当に回す傾向にありますが、成長期の企業は、事業拡大のために利益を次のビジネスに投資する傾向にあるからです。

業種別においても、従来から安定している業種では配当を出すことが多く、IT や新エネルギーなど、これから伸びていく業種では配当を出さないことが多いようです。

低金利の現代。預金利息よりも利回りの高い配当を考慮して、株式投資を行っている人も多いのではないでしょうか。とはいえ、配当は永遠に続くものではありません。配当を出していた企業でも、業績が落ち込めば利益を分配する余裕がなくなり、減額または、出せなくなる可能性もあるのです。

配当金について知ることは、業績面での判断に役立ちますが、株を持っている人や、これから買おうとしている人も調べておくといいですね。

配当の情報でおさえておきたい項目は２つ。いずれも表紙に出ています。

一つは「１株当たり配当金」で、配当をもらえる時期や金額がわかります。書かれているのは１株当たりの金額ですから、実際にもらえるのは１株当たり配当金×株数となります。保有している株が100株で、配当金が10円なら1,000円です。

配当金が、例年に比べて上がっている場合は問題ありませんが、下がっている場合は業績が落ち込んでいる可能性が高いので、その理由を探ってみる必要があるでしょう。また、創業○周年を記念したり、東証2部から1部へ上場した記念などに特別に配当を出すこともあります。

配当の情報も決算短信の表紙でわかる

平成21年8月期 決算短信

平成21年10月8日

上場会社名　株式会社 ファーストリテイリング　　上場取引所　東
コード番号　9983　URL　http://www.fastretailing.com/jp/
代表者　（役職名）代表取締役会長兼社長　（氏名）柳井　正
問合せ先責任者（役職名）経営管理部長　（氏名）徳永　敏久　TEL 03-6272-0070
定時株主総会開催予定日　平成21年11月26日　配当支払開始予定日　平成21年11月27日
有価証券報告書提出予定日　平成21年11月27日

（百万円未満切捨て）

1. 21年8月期の連結業績（平成20年9月1日～平成21年8月31日）

(1) 連結経営成績　（%表示は対前期増減率）

	売上高		営業利益		経常利益		当期純利益	
	百万円	%	百万円	%	百万円	%	百万円	%
21年8月期	685,043	16.8	108,639	24.2	101,308	18.2	49,797	14.4
20年8月期	586,451	11.7	87,493	34.7	85,698	32.7	43,529	37.0

	1株当たり当期純利益	潜在株式調整後1株当たり当期純利益	自己資本当期純利益率	総資産経常利益率	売上高営業利益率
	円 銭	円 銭	%	%	%
21年8月期	488.96	—	19.1	23.3	15.9
20年8月期	427.38	—	17.3	22.4	14.9

（参考）持分法投資損益　21年8月期　△1,383百万円　20年8月期　△379百万円

(2) 連結財政状態

	総資産	純資産	自己資本比率	1株当たり純資産
	百万円	百万円	%	円 銭
21年8月期	463,285	261,413	56.0	2,550.86
20年8月期	404,720	264,014	64.7	2,572.09

（参考）自己資本　21年8月期　259,639百万円　20年8月期　261,967百万円

(3) 連結キャッシュ・フローの状況

	営業活動によるキャッシュ・フロー	投資活動によるキャッシュ・フロー	財務活動によるキャッシュ・フロー	現金及び現金同等物期末残高
	百万円	百万円	百万円	百万円
21年8月期	59,214	△34,273	△16,847	169,574
20年8月期	87,336	△15,421	△19,054	169,888

2. 配当の状況

	1株当たり配当金					配当金総額（合計）	配当性向（連結）	純資産配当率（連結）
	第1四半期末	第2四半期末	第3四半期末	期末	合計			
	円 銭	円 銭	円 銭	円 銭	円 銭	百万円	%	%
20年8月期	—	65.00	—	65.00	130.00	13,240	30.4	5.3
21年8月期	—	75.00	—	85.00	160.00	16,290	32.7	6.2
22年8月期（予想）	—	100.00	—	100.00	200.00		32.9	

3. 22年8月期の連結業績予想（平成21年9月1日～平成22年8月31日）

（%表示は通期は対前期、第2四半期連結累計期間は対前年同四半期増減率）

	売上高		営業利益		経常利益		当期純利益		1株当たり当期純利益
	百万円	%	百万円	%	百万円	%	百万円	%	円 銭
第2四半期連結累計期間	437,500	22.4	78,500	12.4	76,000	20.3	42,500	19.5	417.55
通期	798,000	16.5	120,000	10.5	115,000	13.5	62,000	24.5	609.13

もう一つおさえておきたいのは、「配当性向」です。

配当性向とは、利益に対して、いくら配当に回しているのかを表したもの。配当性向が高ければ、配当金も高くなります。しかし、単純に配当性向の高い企業がいいとはいえません。いくら配当性向が高くても利益以上に配当を出していたら、普通に考えればおかしいですよね。ほかの企業と比べてみて、配当性向が高すぎるような場合は疑ってみる必要があるでしょう。

実は、配当金額は大株主の一声で調整できてしまうのです。配当性向が高い場合、何らかの理由があって大株主にお金を還元する必要があったのかもしれません。利益以上の配当を出し続けることはできませんので、そんな企業の場合、いずれ配当は低くなると予測できます。

また、利益が減ったにもかかわらず、配当金が変わらない場合も、配当性向は高くなりますので注意しましょう。

配当性向を判断する際は、東京証券取引所のホームページにある配当性向の統計資料を利用しても便利です。業種別の目安や動向がわかりますので、平均値と比べてみましょう。配当性向が高すぎる！　と思ったら、決算短信の表紙をめくって配当に関する記述に目を通して理由を確かめてください。

配当利回りにも注目！

また、決算短信の表紙には載っていませんが、「配当利回り」も併せてチェックするといいでしょう。配当利回りとは、株価に対する配当金の割合。要するに投資金額に対して利回りはどれくらいになるかを計算するものなので、銀行預金などの利息と同じ感覚ですね。配当利回りは自分で計算することもできますが、株価の変動によって変わるため証券会社やマネー関連のサイトで確認すると便利です。

配当利回りの計算式

配当利回り　＝　配当金　÷　現在の株価

配当利回りが高いほど魅力的に思えますが、配当狙いで株を買う際には、業績が悪くて株価が下がれば配当利回りが高くなる点もふまえて検討しましょう。

Coffee break♪

亮子先生の会計エッセイ

決算書で住宅ローンを会計する!?

数年前、家を購入する際、銀行の融資担当者と住宅ローンの話をしていてビックリすることがありました。想定していたよりもずっと多額のお金を借りることができるというのです。いったいどんな計算をしたのでしょう！　私のシミュレーションでは、そんなにお金を借りてしまったら、到底返せません。命まで差し出す覚悟があれば別ですが。

その時「お金のことを銀行任せにしてはだめだ。自分できちんと計算しなくては」と硬く決意したものです。

計算の際の強い味方になるのは、やはり、決算書。住宅ローンに限ったことではありませんが、自分のお金のデータも、決算書で整理しています。ここからの話はあくまでも平林流になりますので、これが正解ということではありませんけれどね。

まず、そもそも、いくらの家が買えるのかは、自己資金の額やいくら借りられるかという額とは別問題で考えます。それでは何を手がかりにするかといえば「生涯収入」です。年収に勤務年数を掛ければ生涯収入は計算できます。そもそも概算なので、手取りであるとか年金はどうなるかといった不確定な要素は無視。

私の場合、この生涯収入の３割くらいは、住居費に充てても大丈夫だろう、と計算しています。３割に明確な根拠はありませんけれど、たとえば、生涯年収が1億円だとしたら、だいたい3,000万円の家が買えると考えるわけです。

次に、現在の手持ちのキャッシュを確認。預金が3,000万円あるとしたら、理論上は、全額自己資金で購入することも全額ローンで購入することもできるということになります。

そこでどのくらい借りるのか、貸借対照表を使って、何パターンかシミュレーションします。自己資金0円のケース、1,000万円のケース、2,000万円のケースなど、区切りのいいところで数パターンを作ります。

このとき、全額キャッシュで買うと支払総額が最小になります。ローンを組めば利息が必要になりますからね。しかし、家を購入した直後にまとまった現金が必要になった場合のことを考えると、「資産の流動性」の観点から望ましくありません。そのため、自己資金ゼロのケースから1年間の生活費を残したケースまで、何パターンか作ってみるのです。

そして次はキャッシュ・フロー計算書。借りた額と返済年数によって、どれくらいの返済額になるかをざっくり計算し、現実問題、返せる額なのかを確かめます。

最後に、損益計算書の考え方を使います。家を購入したといっても、一生そこに住むと決まったわけではありません。貸したらいくらになるのか、売ったらいくらになるのか、それをシミュレーションするわけです。そして、貸した場合にローンが支払える額、売った場合にローンが完済できる額、を計算しておくのです。

ちなみに、新築の家は、誰かが住んだ時点で、販売価格から2割は安くなると覚悟した方がいい、といわれています。これもまた明確な根拠は知りませんが、住宅情報誌を愛読しモデルルームめぐりを趣味とする私が、よく見聞きする情報です。

つまり、3,000万円で新築を買ったら、買った時点ですでに2,400万円になっているかもしれないということ。昔から、家を買う時の自己資金は２割用意すべき、とよく言われるのは、そのためかもしれませんね。ローンを８割にしておけば、売却時にギリギリ返済はできる、という計算になりますから。

そうそう、住宅ローンを繰上弁済すべきかどうかも、同じような観点で考えます。住んで古くなったり住宅事情が変わったりすれば、住宅そのものの値段が変わります。最新のデータで貸借対照表を作り、シミュレーションすることで、どの程度繰上弁済すべきかが見えてくるというわけです。

余談ですが私が知っている会計屋は口をそろえて「住宅ローン金利は低いから、繰上弁済よりも借り続ける方がいい」と言います。これは、金利が安いから借りておいて、それ以上の利回りで資金を運用すればいいということを意味している場合もあります。しかし現実問題、そんなに上手に運用できるとは限りません。

それなら何と比較しているのかといえば、他のローンと比較しているのです。住宅ローン金利は「カーローンやカードローンに比べて金利が低い」ことが何よりも大切なポイントなのです。

ローンを返済して預金がスッカラカンになったとしましょう。その後、まとまったお金が必要になったら、お金を借りる必要が出てきますよね。そんなとき、手っ取り早いのはカードローンですが、カードローンの金利は10%前後です。住宅ローンを繰上弁済しなければ、２、３%の利息で済んだものが、弁済してしまったために10%もの金利を支払う可能性が出てくるというわけ。そう考えると、２、３%の金利を支払っておけばゆとりを保てる住宅ローンは、利用しない手はないというわけです。

いずれにしても、銀行に振り回されてはいけません！　銀行さんごめんなさい。銀行さんを悪く言うつもりはないですが、どんな取引も主体性を持つことが大切だということです。

そんなとき、役立つのが決算書の発想。貸借対照表の流動性の発想、損益計算書の売上や利益の発想、キャッシュ・フロー計算書の財務活動によるキャッシュ・フローの発想から、ローン額を見極めることが大切なのです。そして、どう計算しても返済に無理があるようなら、思い切ってあきらめることも大切なのです。

決算書は家計管理にも強い味方になってくれますよ！

おわりに

～決算書の基本がわかれば妄想はかなり膨らむ～

「なかなかマニアックな本ですね」

本書の文章をチェックしていた弊社のスタッフ（会計士）が、ぽつりとつぶやきました。

最新データを用いて企業分析をしているわけでもなければ、決算書について体系的に解説しているわけでもない。決算書からどのような企業像が見えるのかを妄想したことを文書にしたのですから、確かにマニアックなのでしょう。

そこですかさず

「でも、こういう妄想しない？」

と聞き返したところ、

「……しますよ」

という返事が！

やはり、とある決算書を見たときに

「うわー、上場してお金はたくさんあるけれど、次に投資する適当なビジネスがなくて、いろんな会社をM＆Aした結果、業績が悪くなってる～」

などと、妄想が膨らんだというのです。

もちろん、ここまで妄想するのは、公認会計士であることも大きな理由です。公認会計士は監査やその他の業務を通じて、決算書の情報のみならず何百という企業を実際に訪問した経験を持っていますからね。社風やオフィスの風景まで妄想できたりすることもあります。

でも、そういう経験がなくても、決算書に関する知識を少しだけ持っていれば、妄想を膨らませることは可能です。決算書は企業活動をデータにした書類ですから、その数字が何を意味しているのかを知っていれば、「実はこの企業はお金に困っているのかも」「少しくらい業績が悪い年があっても全然大丈夫なのだろう」といった推測ができるのです。

さらには、ニュースなどで耳にした「拡大路線にある」「業績がいい」といった情報を確かめるために決算書を利用することもできるようになります。

企業の状況をデータで把握できるツール。それが決算書ですから、ビジネスパーソンにはぜひ、活用していただきたいと願っています。そして、本書が、そのきっかけとなれば幸いです。

最後になりましたが、本書を企画してくださったダイヤモンド社の真田友美さん、解説ページについて執筆してくださった経済ライターの佐藤祥子さん、校正に協力してくれたスタッフと弟子たち、そしていつも支えてくださる皆様に心から感謝いたします。

［著者］

平林亮子（ひらばやし・りょうこ）

公認会計士。ベンチャー・中小企業をサポートする公認会計士集団アールパートナーズ代表。企業やプロジェクトのたち上げから経営全般に至るまで、あらゆる面からベンチャー・中小企業の経営者をサポートしている。また、女性プロフェッショナルに関するプロジェクト「ＳｏｐｈｉａＮｅｔ」プロデューサーを務めるなど、経営サポートに必要な幅広いネットワークを持つ。さらに、中央大学商学部客員講師として大学で教壇に立つなど、学校、ビジネススクール、各種セミナーなどで講義、講演も積極的に行っている。

『会計についてやさしく語ってみました。』『1年続ける勉強法』（共にダイヤモンド社）、『相続はおそろしい』（幻冬舎新書）など、著書多数。

１９７５年千葉県生まれ。お茶の水女子大学文教育学部地理学科出身。

決算書を楽しもう！
先生といっしょに読み進めるあたらしい決算書入門。

2010年9月9日　第1刷発行

編　著———平林　亮子
発行所———ダイヤモンド社
〒150-8409　東京都渋谷区神宮前 6-12-17
http://www.diamond.co.jp/
電話／03·5778·7236（編集）03·5778·7240（販売）
装丁————渡邉民人（TYPE FACE）
本文デザイン·DTP—新沼寛子（TYPE FACE）
本文イラスト——ひらいみも
製作進行————ダイヤモンド・グラフィック社
印刷—————共栄メディア
製本—————本間製本
編集担当————真田友美

ISBN 978-4-478-01364-9